JN099980

パワハラ防止ガイドブック

判断基準、人事管理、相談対応がわかる

橘　大樹 弁護士

吉田　寿 ビジネスコーチ㈱ チーフHRビジネスオフィサー

野原蓉子 ㈱日本産業カウンセリングセンター理事長

目　次

第1章　パワーハラスメントとは

第2章　パワハラを誘発させないマネジメント

第3章 相談対応のポイント

第4章 資 料

表紙カバーデザイン──林 一則

第**1**章
パワーハラスメントとは

1
法律の概要と
企業のパワハラ防止措置義務

①法律の概要

　2019年5月29日、事業主にパワハラ防止措置を義務づける改正法が成立しました（施行日は2020年6月1日）。

　労働施策総合推進法30条の2第1項は、パワハラを「職場において行われる優越的な関係を背景とした言動であって、業務上必要かつ相当な範囲を超えたものによりその雇用する労働者の就業環境が害されること」と定義したうえで、事業主に対し、このようなことが起きないよう、雇用管理上必要な措置を義務づけています。同法は、もともとは雇用対策法という名称でしたが、2018年6月成立の働き方改革関連法により名称変更された法律です。

　上司、同僚などの「個人」に対してパワハラ言動を禁止する形ではなく、事業主に対し、職場のパワハラ言動を防止するための「措置」を義務づける仕組みがとられています。この点は、セクハラ、マタハラ防止措置（均等法11条、11条の3、育児介護休業法25条）と同じです。

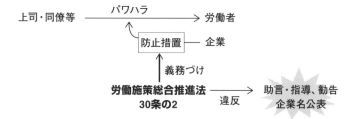

②厚生労働省のパワハラ指針

　企業が講じる「措置」の内容は、厚生労働大臣が定める指針の中で明らかにされています（令和２年１月15日厚生労働省告示第５号）。具体的には、次の措置を講じることが求められます。

　[企業が講じる措置]

◆事業主の方針等の明確化、その周知・啓発（研修、社内文書の配布など）

◆相談に応じ、適切に対応するために必要な体制の整備（相談窓口の設置など）

◆パワハラ発生時に迅速かつ適切な対応をとること（事実調査、処分など）

◆あわせて講ずべき措置（プライバシー保護、不利益取扱いなど）

　指針では、パワハラ言動に当たるかの判断基準や、該当する言動例、該当しない言動例も示されています。

　パワハラは平成10年代前半から問題となり始め、世の中に浸透していきましたが、あくまで一般用語（造語）であり、法令上の根拠や定義はありませんでした。「受け手がパワハラと感じたらパワハラ」「問題行動を厳しく指導したらパワハラ」などさまざまな言説が飛び交い、そうした影響から上司が萎縮して通常の指導すら躊躇してしまうといった懸念も示されていました。

　そのような中、法30条の２に法律上の定義が設けられ、指針により判断基準や言動例が示されるに至ったことは、過度の萎縮を解いて企業・組織の規律を適正に維持するという点でも意義のあることといえます。詳しくは本章４節、５節で述べていきます。

③法違反のリスク

　厚生労働大臣は、パワハラ防止措置義務に関連して、事業主に助

言・指導、勧告を行なうことができます（法33条１項）。また、措置義務に違反した事業主が「勧告」に従わないときは、同大臣はその旨を公表することができます（同条２）。

　つまり、義務違反の法的リスクは、行政による是正勧告、および勧告に従わなかったときの企業名公表です。法33条２項の企業名公表は、行政から是正勧告を受けた後、それに従い是正を行なえば発動されません。以上は行政上の問題です。

　また、民事上では、パワハラ被害者から安全配慮義務違反または民法715条の使用者責任に基づく損害賠償請求を受けるリスクもあげられます。企業の対応に不備があったとして、加害者個人だけでなく、企業に対する損害賠償請求が提起されるリスクです。

　法30条の２はあくまで行政法規であるため、労働契約上の権利義務（安全配慮義務）や民事上の不法行為を直接に基礎づけるものではありません。法および指針に従った措置を一部講じていなかったとしても、そのことから直ちに民事上の損害賠償責任が生じるとは限りません。

　他方、企業が法30条の２に基づく防止措置を十分に講じていた場合、そのことは、企業の損害賠償責任を否定する理由（安全配慮義務違反がないこと、または民法715条１項但書の免責事由があること）として考慮されます（菅野和夫『労働法〔第12版〕』281頁参照）。

④**その他のポイント**

　事業主は、労働者が相談を行なったこと、事業主による当該相談への対応に協力した際に事実を述べたことを理由として、当該労働者に解雇その他不利益な取扱いをしてはなりません（法30条の２第２項）。これは、パワハラ相談やヒアリング調査への協力を理由とした不利益取扱い（解雇、雇止め、降格、減給など）を禁止する条文です。

法30条の２第１項の措置義務、同条第２項の不利益取扱い禁止に関する紛争については、個別労働紛争解決促進法による助言・指導、あっせんの手続きは適用されず（法30条の４）、都道府県労働局長による助言、指導、勧告（法30条の５第１項）、紛争調整委員会による調停（法30条の６第１項）という独自の紛争解決手続きが用意されています。

　また、派遣労働者との関係では、法30条の２に基づく措置義務等につき派遣先を事業主とみなす条文が設けられています（労働者派遣法47条の４）。つまり、派遣先は、自社の従業員と同様に派遣労働者についてもパワハラ防止措置を行なわなければなりません。具体的には、派遣労働者にパワハラ言動をしないことの周知・啓発、派遣労働者からの相談も受け付ける窓口設置、実際に相談があったときの事実調査や処分等です。

⑤施行日

　施行日は2020年６月１日です。中小事業主は経過措置として2022年３月31日まで努力義務とされ、同年４月１日から義務化されます。

　ただし、努力義務とは、パワハラ防止措置義務違反を理由とした是正勧告、企業名公表を受けないことを意味するにとどまります（行政上の問題）。中小事業主であっても、パワハラについて何ら対応を行なわず、それによって被害が発生・拡大したと認められる場合、民事上の損害賠償や報道等の対象になる可能性は否めません。したがって、中小事業主だから2022年３月31日まで「何もしない」と放置するのではなく、企業の規模や実情に応じ、法および指針を参考に一定の防止策を検討するのが望ましいといえます。

2
暴力・暴言だけがパワハラではない

①犯罪、不法行為はパワハラ以前の行ない

　企業は、職場でパワハラ言動をしてはならない旨の方針を明確化し、社内に周知・啓発しなければなりません（指針4（1）参照）。その際、具体的にどのような言動をパワハラとして禁止し、それを周知・啓発していけばよいのでしょうか。

　パワハラと聞いてイメージするのは、殴る・蹴る、物を投げつけるなどの暴力、「馬鹿」「無能」「消えろ」といった暴言かもしれません。しかし、こうした暴力・暴言を本来のパワハラ言動と考えるべきではありません。これらは、刑法上の犯罪（暴行罪、脅迫罪、強要罪など）、または民法上の不法行為（指導の中で「馬鹿」「能なし」と大声で繰り返し罵倒など）に該当するものであって、パワハラ以前の行ないです。

　もちろん、職場内の暴力・暴言を許してはならないのは当然のことです。従業員に及ぼす被害度は深刻ですし、報道等に至ったときに企業の社会的信用に与える影響も甚大です。

　しかし、法30条の2が定義するパワハラ言動とは、優越的関係を背景として、業務上必要かつ相当な範囲を超えて就業環境を害する言動をいいます。そこには暴力・暴言も含まれますが、それらに限られません。

　つまり、社内にパワハラ禁止を周知・啓発していくにあたり、暴力・暴言を絶対に許さないというメッセージを発信するのは必要なこ

とですが、それだけでは十分ではありません。広く、就業環境を害する言動全般を取り上げていかなければなりません。

　たとえば、必要以上に長時間の面談で部下を叱責する、複数の従業員をCCに入れて部下を貶める[おとし]メールを送信するといったケースがあったとします。こうした言動は、刑法上の犯罪として警察が動くほどの事案ではありませんし、これ単体で民法上の不法行為に該当するほどの評価に至るとは限りません。しかし、従業員の就業環境を害するおそれのある言動である以上は、企業としてこれらの言動についても周知・啓発をはかる必要があります。

刑法上の犯罪
殴る蹴る、「いまから殺しに行く」と脅迫、土下座強要など

民法上の不法行為
「馬鹿」「能なし」と大声で繰り返し罵倒など

業務上必要かつ相当な範囲を超えて労働者の就業環境を害する言動

犯罪、不法行為に限らず、就業環境を害する言動全般を周知・啓発

②判断のポイントは「就業環境を害するか」

　パワハラは平成10年代前半に生まれた一般用語（造語）です。パワハラ問題というものを社会に浸透させた功績は大きい一方で、明確な定義が存在する言葉ではないため、「パワハラとは何か」「このケースはパワハラに該当するか」という問いを立てて考えても、なかなか答えは出てきません。パワハラという言葉に深入りしすぎないよう注意が必要です。

　たとえば、厚生労働省のパワハラ指針は、私物を写真撮影する、病歴・不妊治療等の個人情報を言いふらすといった言動も該当例として示しています（指針2（7）へ参照）。こうした言動は、必ずしも「パワハラ」という言葉にフィットするものではありません。しかし、私物

を勝手に写真撮影された者、望まずして個人情報を暴露された者からすれば、社会一般的にみて、職場で働くうえでの環境が阻害されることは明らかです。

このように、パワハラに当たるかを検討するにあたって、法30条の2の文言に沿って、従業員の「就業環境」を害する言動であるかを軸にジャッジするのが適当です。たとえば、職場内で上長が「Aはシングルマザーだ」と言いふらし、そのことを嘲笑するような言動を行なった事例があったとします。このような暴露や嘲笑が「パワーハラスメントに当たるか」と考えると、よくわからなくなってしまいますが、「Aの就業環境を害するか」で考えれば答えは明白です。

一般用語としてパワハラという言葉を使うのは何ら問題ありませんが、実務上の判断ポイントとしては「就業環境を害するか」という軸で考えると判断がつきやすくなります。

［従業員の就業環境を害する言動例］

◆ドアをわざと強く閉めて大きな音を出す

◆書類で強く机を叩く、消しゴムを投げつける、椅子や机を蹴るのを見せつける

◆上司が若手社員に対し、複数回にわたり、約30分間立たせたまま「どういう育て方をされてきたのか」「この会社に向いていない」などと発言する

◆ミスの多い部下に対し、「俺はその気になれば2〜3人はクビにできる」「前にも君のようなやつがいたがメンタルで辞めていった」などと発言する

◆会議中に他の社員や取引先もいる前で「何やってるんだ！」「何回言ったらわかるんだ！」と大声で怒鳴りつけ、「だからおまえは駄目なんだ」と過去の失敗まで持ち出し、執拗に叱責を継続する

◆特定の部下をターゲットにして、周囲の社員に「あいつは役に立たない」「信用できない」「口をきくな」と中傷する

◆仕事の進め方について指導を請うた部下に対し、業務上の合理性なく、気に食わないとの理由から「仕事は全部おまえ１人でやれ。他の社員とも話すな」と伝えたり、嫌がらせ目的で無視したりする

◆ベテラン社員であっても平均成約件数が月３件程度であるにもかかわらず、業務上の合理性なく、新入社員に対して「おまえは月10件がノルマだ」と達成不可能なノルマを常に与え続ける

◆上司が自身のプライベートな飲み会の予約をしておくよう部下に強制する

◆気に入らない部下に対し、嫌がらせ目的で「今日は一日中反省していなさい。仕事しなくていいから」などと告げて、別室での待機を命じる

◆上司が部下に対して「よくあんな女と結婚したな」などと、家族や友人の話題に立ち入ってひどい悪口を述べる

◆休日や年休取得日に何をしていたのか、世間話の限度を超えて執拗にプライベートに介入するような質問をしてくる

◆職場内で同僚が集団になって１人の特定の社員を無視したり、聞こえるように悪口を言ったりする

◆その部署の知識・経験に長けた部下数名が、配属されたばかりの管理職に集団で「あんたの言うことは聞けない」「いい年して何やってるんですか」などと述べる

3
優越的関係とは何か
－パワハラの３要素

①パワハラの3要素

　法30条の2のパワハラ言動とは、

◆優越的関係を背景とした言動であること

◆業務上必要かつ相当な範囲を超えたものであること

◆労働者の就業環境が害されること

の３要素をすべて満たすものをいいます。本章３〜５節では、このパ
ワハラ３要素を順にみていきたいと思います。

②優越的関係の意味

　優越的関係とは、事業主の業務を遂行するにあたって当該言動を受
ける労働者が行為者に対して抵抗または拒絶することができない蓋然
性が高い関係をいいます（指針２(4)参照）。厚生労働省のパワハラ
指針では、次のような例が示されています。

◆職務上の地位が上位の者による言動

◆同僚・部下による言動で、当該言動を行なう者が業務上必要な知識
　や豊富な経験を有しており、当該者の協力を得なければ業務の円滑
　な遂行を行なうことが困難であるもの

◆同僚・部下からの集団による行為で、これに抵抗または拒絶するこ
　とが困難であるもの

　実際には「上司→部下」のケースが多数ですが、それに限らず「同
僚間」「部下→上司」であっても、知識・経験や集団による優位性を
背景とした言動も該当するということです。

たとえば、その部署の業務にまだ慣れていない管理職が新たに着任したところ、当該業務の知識・経験に秀でた３〜４名の部下たちが集団になって、管理職を馬鹿にするような発言を繰り返すといった場合です。この種のケースでは、パワハラ言動（他人を侮辱することで就業環境を害する言動）のほか、上司の正当な指示に反して勝手に業務を進めたことも含め、業務命令違反をも理由とした懲戒処分、人事処分等を検討していく必要があります。

　また、指針ではあげられていませんが、雇用形態による優位性もありえます。若手の正社員が契約社員、パート・アルバイト、派遣社員に対して乱暴な言葉遣いで接するようなケースです。若手社員は「部下」として被害者の立場に立たされることが多い一方で、雇用形態による優位性を背景として非正規社員に対して侮辱的な態度に出る事案が一部にみられます。こうした場合を想定して、自らも加害者にならないよう周知・啓発することが考えられます。

③企業秩序維持にとって優越的関係の要素は必須か

　法30条の２にいうパワハラ言動とは、本節冒頭で掲げた３つの要素すべてを満たすものを意味します。そのため、優越的関係が認められない中での言動は、「優越的関係性を背景とした言動であること」の要素を満たさないため、法30条の２のパワハラ言動には該当しないことになります。

　では、Xが同僚Aに対して大声で罵倒する言動を繰り返したケースをどう考えるべきでしょうか。Xは特に豊富な知識・経験を有しているわけではなく、１対１の関係であれば集団による優位性も認められません。そのため、このケースは法30条の２のパワハラ言動には該当しないと評価されます。

　しかし、たとえX・A間に優越的関係といえるだけの関係性が見当

たらなくても、このような言動は同僚Aの就業環境を害するもので
あって大いに問題です。そのため、Xに対しては、職場環境を守るた
めに懲戒処分、厳重注意等を検討しなければなりません。

　つまり、企業として職場環境を維持するうえで、法30条の2の「優
越的関係」は必須の要素ではないと考えられます。もちろん、職務上
の地位や権限を利用して行なう言動は、その点において悪質性が認め
られます。しかしながら、優越的関係が認められず、法30条の2の要
素を満たさないからといって、同僚を大声で罵倒するような言動を放
置してよいはずがありません。

　企業の実務対応においては、優越的関係があろうとなかろうと、業
務上必要かつ相当な範囲を超えて就業環境を害する言動に対しては、
職場環境を守る観点から適正に対処していくと考えるのが適当です。

①優越的関係を背景
②業務上必要かつ相当な範囲を超えた
③労働者の就業環境が害される

優越的関係が認められなくても、
職場環境維持のため、
②③の言動には適正に対処すべき

4
業務上必要かつ相当な範囲とは
−パワハラの３要素

①どのように判断するか

　パワハラ３要素の２つ目は、業務上必要かつ相当な範囲を超えたものであることです。逆に言えば、業務上必要かつ相当な範囲内で行なわれる言動はパワハラに該当しません。

　業務上必要かつ相当な範囲を超えた言動とは、社会通念に照らし、当該言動が明らかに業務上必要性がない、またはその態様が相当でないものを意味します（指針２(5)参照）。厚生労働省のパワハラ指針では、次のような例が示されています。

［**業務上必要かつ相当な範囲を超えた言動例**］

◆業務上明らかに必要性のない言動

◆業務の目的を大きく逸脱した言動

◆業務を遂行するための手段として不適当な言動

◆当該行為の回数、行為者の数等、その態様や手段が社会通念に照らして許容される範囲を超える言動

＊この判断にあたっては、当該言動の目的、当該言動が行なわれた経緯や状況（当該言動を受けた労働者の問題行動の有無や内容・程度を含む）、業種・業態、業務の内容・性質、当該言動の態様・頻度・継続性、労働者の属性や心身の状況、行為者との関係性等が総合的に考慮される

　パワハラに当たるかは「目的」「手段・態様」の両面から判断されると理解すべきです。

　第１に、明らかに業務上の必要性を有しない、いじめ・嫌がらせ目的に起因する言動はパワハラに該当します。たとえば、気に入らない

部下に対して、嫌がらせ目的で業務にまったく必要のない多量の作業を強いるような場合です。

　第2に、指導という正当な目的があっても、その手段・態様が社会的に許容される限度を超える言動もパワハラに該当します。たとえば、指導の中で「無能」「死んでしまえ」「人間のクズ」などと大声で罵倒するような場合です。

　このように、業務上必要かつ相当な範囲を超えたかは、基本的には、「目的が正当といえるか」、そして目的が正当であっても「手段・態様が社会的に許容される限度を超えていないか」という2段構えで判断されます。

②問題行動に対する強い指導はパワハラではない

　ここで注目すべきは、指針が「個別の事案における労働者の行動が問題となる場合は、その内容・程度とそれに対する指導の態様等の相対的な関係性が重要な要素となることについても留意が必要である」と述べている点です（指針2(5)参照）。

　これは、部下の側の勤務態度に問題があり、それに対して上司が強く指導したという場合、その指導がパワハラになるかは、「部下の側の問題」と「上司の指導態様」との相対的関係性が重要なポイントになるという考え方です。つまり、部下に大きな問題行動がみられる場合、それに対する上司の指導が強く、厳しいものになったとしてもパワハラに該当しないということです。

　この考え方は、指針が以下の言動をパワハラに該当しない例としてあげている点にも表われています（指針2(7)参照）。

［パワハラに該当しない言動例］

◆遅刻など社会的ルールを欠いた言動がみられ、再三注意してもそれが改善されない労働者に対して一定程度強く注意をすること

◆その企業の業務の内容や性質等に照らして重大な問題行動を行なった労働者に対して、一定程度強く注意をすること

　勤務に問題のある者に対して強く指導を行なうのは、企業・組織の規律を適正に維持するために必要なことです。「厳しい指導はパワハラ」と言われることで管理職が部下への指導を躊躇してしまう、などの懸念がよく聞かれますが、そのような懸念は当たりません。部下の問題行動に対して強く、厳しく指導することはパワハラに該当するものではないからです。

　たとえば、上司が日頃から勤務態度に問題のある部下を別室に呼び、勤務上の問題点を指摘して改善を促したとします。ところが、部下はそれらの注意をまったく聞こうとせず、面談中に足を組みながらスマートフォンを操作し、関係のないサイトを見始めてしまいます。

　当然、上司は「スマートフォンをしまって話を聞きなさい」と注意しますが、部下は「あんたの言うことは聞きたくないんで」などと言いながら、わざと身体を椅子ごと横に向けて、スマートフォンをいじり続けます。これら一連の態度に対して上司が「その態度は何だ！きちんとこちらを向いて話を聞きなさい！」と一喝したとしても、部下側の問題との相対関係でみれば、業務上必要かつ相当な範囲を超えたとは評価できません。

　ただし、いかに部下の行動に問題があったとしても、鉄拳制裁が許されないのはもちろんのこと、人格否定や罵詈雑言は控えるべきです。指針が「一定程度」という留保を付しているのはこのためです。

③問題行動と能力・パフォーマンスを分けて考える

　指針がパワハラに該当しない例としてあげているのは「遅刻など社会的ルールを欠いた言動」「業務の内容や性質等に照らして重大な問題行動」に対して一定程度強く注意する、という事例である点にも留

意すべきです。これらは、企業・組織の規律に反するいわゆる問題行動に対して、上司が強く注意する場面を想定したものです。

　それでは、本人は精一杯頑張っており、規律違反はしていないものの、十分なパフォーマンスを発揮できない部下に対して、強い指導、厳しい指導を行なってもよいでしょうか。

　結論から言えば「問題行動」と「能力・パフォーマンス」は分けて考えるべきです。上記②項で取り上げたのは、規律違反の問題行動に対して、職場の秩序を維持するために一定程度強く注意するという話です。これに対し、本人は努力しているものの、どうしても成果が上がらない社員に強い指導、厳しい指導を繰り返した場合、そのことが本人を追い詰め、精神的負荷となる懸念があります。

　能力・パフォーマンス不足に対する強い指導は、パワハラに該当するかは別として、精神的負荷を及ぼす懸念があるため要注意ととらえるべきです。指針が述べる「強い注意」という部分が拡大解釈され、能力・パフォーマンスを十分に発揮できない部下を追い詰めるような指導を後押ししてしまわないよう、気を配りながら社内への周知・啓発を進めるべきです。

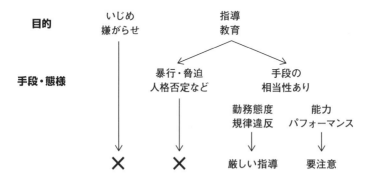

5
就業環境が害されるとは
ーパワハラの3要素

① 「就業環境が害される」の意味

　就業環境が害されるとは、身体的または精神的に苦痛を与えられ、就業環境が不快なものとなったため、能力の発揮に重大な影響が生じるなど、当該労働者が就業するうえで看過できない程度の支障が生じることを意味します（指針2(6)参照）。

　厚生労働省のパワハラ指針は、この判断にあたっては平均的な労働者の感じ方、すなわち、同様の状況で当該言動を受けた場合に、社会一般の労働者が就業するうえで看過できない程度の支障が生じたと感じるような言動であるかを基準とするのが適当と述べています。

②受け手がパワハラと感じたらパワハラなのか

　「受け手がパワハラと感じたらパワハラ」という言い方がされることがあります。しかし、客観的にみて適正な指導が、受け手の感じ方（主観）によってパワハラになるというのは誤りです。

　厚生労働省のパワハラ指針においても、社会一般の労働者が同じ言動を受けたときに就業上看過できない程度の支障を感じるかを基準とすべきと述べられています。つまり、パワハラ言動に当たるかは、実際にその言動を受けた人がどう感じたかではなく、社会一般のとらえ方が基準になるのです。

　たとえば、上司Xが部下Aに対して業務上の指導をしたとします。社会一般的にみるとXの指導は穏当なものでしたが、Aは非常に不快に思い「この指導はパワハラだ」と感じました。この場合、実際に指

導を受けたAがパワハラと感じたとしても、社会一般のとらえ方として「机をわざと強く叩く」「必要以上に長時間に及ぶ面談」「人格を否定する」など就業環境を害する態様が認められなければ、Xの指導はパワハラに該当しないと判断されます。すなわち、パワハラに当たるかは客観的に判断されると言い換えても差し支えありません。厚生労働省のパワハラ指針も「客観的にみて、業務上必要かつ相当な範囲で行われる適正な業務指示や指導については、職場におけるパワーハラスメントには該当しない」と述べています（指針2 (1)(7) 参照）。

③相談対応時には受けとめにも配慮

もっとも、パワハラ相談を申し出た人に対して「パワハラは受け手の主観では決まりません」「あなたがどう感じたかは関係ありません」と対応をするのは適切ではありません。厚生労働省のパワハラ指針でも、相談申出を受けて事実確認を進める際には「当該言動が行われた際の受け止めなどその認識にも適切に配慮すること」と述べられています（指針4 (3) 参照）。

パワハラに当たるかはあくまで社会一般のとらえ方を基準にジャッジします。しかし、最終的な判断基準がそうであるとしても、相談申出を受けてヒアリングを行なう段階・場面では、相談者がその言動を受けてどう感じたか（相談者の受けとめ方や認識）を排除したりせず、その点にも配慮しながら事実確認を進めていくのが適当です。

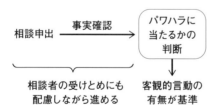

6
該当する例、しない例
－パワハラの6類型

　職場のいじめ・嫌がらせ問題に関する円卓会議ワーキンググループ報告（2012年）は、職場のパワハラの行為類型として次の6類型を示しました。

◆ 身体的な攻撃（暴行・傷害）

◆ 精神的な攻撃（脅迫・名誉毀損・侮辱・ひどい暴言）

◆ 人間関係からの切り離し（隔離・仲間外し・無視）

◆ 過大な要求（業務上明らかに不要なことや遂行不可能なことの強制・仕事の妨害）

◆ 過小な要求（業務上の合理性なく能力や経験とかけ離れた程度の低い仕事を命じることや仕事を与えないこと）

◆ 個の侵害（私的なことに過度に立ち入ること）

　厚生労働省のパワハラ指針は、この6類型に沿って、パワハラに「該当すると考えられる例」「該当しないと考えられる例」を例示しています（指針2（7）参照）。社内の周知・啓発にあたっても、指針が示す言動例を参考にするとよいでしょう。以下、指針が示す該当する言動例、該当しない言動例を順に解説していきます。

①身体的・精神的攻撃

　身体的攻撃について、殴打・足蹴りは刑法上の犯罪に当たる行為であって絶対に許されません。最近では、会議中に手元の資料やペットボトルを相手に向かって投げつける「物投げ」のほうが多くみられるため、こちらにフォーカスして周知・啓発するのが現実的です。

精神的攻撃は、「人格否定」「長時間」「面前で叱責」「大声」「能力否定」「複数の従業員宛の電子メールで罵倒」といった点がポイントです。

また、他の従業員の面前で叱責したら、その一度だけでパワハラになるわけではありませんが、「他の労働者の面前における大声での威圧的な叱責を繰り返し行なうこと」が該当例にあげられていますので、社内の周知・啓発という意味では、人格・能力を否定しないこと、大声・怒鳴り声を出さないこと、長時間に及ぶ面談は控えること（なるべく1時間を超えないようにする）、他の従業員の面前や複数の従業員がCCに入っているメールでの注意・叱責は控えること等を伝えるべきです。

他方、本人の問題行動に対して一定程度強く注意してもパワハラに該当しないことは、本章4節で取り上げたとおりです。

②人間関係からの切り離し、過大要求、過小要求

ここでのポイントは「業務上の必要性」に基づく行為かどうかです。業務上の必要性に基づかず、気に入らない部下をいじめ・嫌がらせ目的で仕事から外すような行為はパワハラに該当します。業務と関係のない「私的な雑用」の強制もよくみられる言動例です。

これに対し、部下を育成するために従来よりも難易度の高い業務を指示する、業務上必要な範囲での残業を命じる、前年度の勤務を評価した結果としてアサインする業務レベルを下げるといった行為は、パワハラに該当するものではありません。

③個の侵害

厚生労働省のパワハラ指針は、プライバシー保護の観点から「機微な個人情報を暴露することのないよう、労働者に周知・啓発する等の措置を講じることが必要」と明記しています（指針2(7)参照）。

類型	該当する例	該当しない例
身体的攻撃	・上司が部下に対して殴打、足蹴りをする ・相手に物を投げつける	・誤ってぶつかること
精神的攻撃	・上司が部下に対して**人格を否定**するような発言をする ・必要以上に**長時間**にわたる厳しい叱責を繰り返し行なう ・他の社員の**面前**において**大声**での威圧的な叱責を繰り返し行なう ・相手の**能力を否定**し、罵倒するような内容の電子メール等を当該相手を含む**複数の社員宛**に送信する	・遅刻など社会的ルールを欠いた言動・行動がみられ、再三注意してもそれが改善されない部下に対して上司が一定程度**強く注意**する ・業務の内容や性質等に照らして重大な問題行動を行なった社員に対して一定程度**強く注意**する
人間関係からの切り離し	・**自身の意に沿わない社員**に対して、仕事を外し、長期間にわたり、別室に隔離したり、自宅研修させたりする ・１人の社員に対して同僚が**集団で無視**をし、職場で孤立させる	・新規に採用した社員を**育成するために**短期間集中的に別室で研修等の教育を実施する ・懲戒規定に基づき処分を受けた社員に対し、**通常の業務に復帰させるために**、その前に一時的に別室で必要な研修を受けさせる
過大要求	・長期間にわたる、**肉体的苦痛を**ともなう過酷な環境下で、勤務に直接関係のない作業を命ずる ・新卒採用者に対し、**必要な教育を行なわないまま、とうてい対応できないレベルの業績目標**を課し、達成できなかったことに対し厳しく叱責する ・業務とは関係のない**私的な雑用の処理**を強制的に行なわせる	・社員を**育成するために**現状よりも少し高いレベルの業務を任せる ・業務の繁忙期に、**業務上の必要性**から、当該業務の担当者に通常時よりも一定程度多い業務の処理を任せる
過小要求	・部下を**退職させるため**、だれでも遂行可能な業務を行なわせる ・**気に入らない社員**に対して嫌がらせのために仕事を与えない	・**社員の能力に応じて**、一定程度業務内容や業務量を軽減する
個の侵害	・社員を職場外でも継続的に監視したり、私物の写真撮影をしたりする ・性的指向・性自認や病歴、不妊治療等の**機微な個人情報**について、了解を得ずに他の社員に暴露する	・**社員への配慮を目的として**、社員の家族の状況等についてヒアリングを行なう ・**社員の了解を得て**、性的指向・性自認や病歴、不妊治療等の機微な個人情報について、必要な範囲で人事労務部門の担当者に伝達し、配慮を促す

パワハラという言葉からはイメージしにくいかもしれませんが、「性的指向・性自認」「病歴」「不妊治療」等を言いふらすことも他人の就業環境を害する言動として許されない旨、きちんと社内に周知・啓発する必要があります。

　これに対し、育児・介護との両立が厳しそうな従業員への「配慮」を目的として、家族の状況等をヒアリングしたりすることは問題ありません。

7
パワハラと指導の線引きを
どう考えるか

①客観的言動の有無が基準

　「パワハラと指導の線引きはむずかしい」「パワハラと指導のグレーゾーン」といった言説を目にすることがあります。これらは、パワハラと指導には重なり合う領域があり、両者を明確に線引きしづらい、「図A」のイメージを前提にしていると思われます。

　しかし、それは妥当ではありません。実務上、上司の指導がパワハラかを判断する際には、指導を行なう中でパワハラに該当するような客観的言動をしたか、していないかというシンプルな視点でみるのが適当です。「図B」のような、指導にともない「暴力」「人格否定」「大声・威嚇」といった客観的言動が認められるかというイメージです。客観的言動の具体例は、本章6節でみたとおりです。

　このように、線引きやグレーゾーンという言葉に惑わされず、端的に、業務上必要かつ相当な範囲を超えて従業員の就業環境を害する「客観的言動」の有無という視点により、事案の検討を行なうことをおすすめします。

②指導目的でもパワハラは成立するか

　上司から「嫌がらせをするつもりはなかった」「あくまで指導目的だった」という弁明がなされることがあります。このような弁明についてどう考えるべきでしょうか。

　サントリーホールディングス事件（東京高判平27.1.28労経速2284号7頁）は、多数回にわたり注意を受けていた部下に対し、上司が指導中に「新入社員以下だ」「何でわからない、おまえは馬鹿」、またはこれに類する発言をしたという事案です。判決は、上司が嫌がらせ等の意図を有していたとは認められないものの、注意・指導のための言動として許容される限度を超えるとして、不法行為に基づく損害賠償請求（慰謝料150万円）を認容しました。

　このように、目的が指導のためであっても、手段・態様において社会的に許容しえない客観的言動が認められればパワハラは成立します。上にあげた上司の弁明はパワハラであることを否定するものではありません。この点は、本章4節①でもみたとおりです。

③指導としての正しさは判断基準ではない

　パワハラの相談事案では、部下の側にも一定の落ち度があることが珍しくありません。こうした事案では、ヒアリングで事実確認を進めるにつれ、上司と部下のどちらが悪かったのかといった土俵で物事を判断してしまいがちです。

　しかし、パワハラに当たるかは、社会一般的にみて就業環境を害する「客観的言動」があったか、なかったかで判断します。上司の指導が一理あるものだったか、上司と部下のどちらが悪かったかという話ではありません。

　いかに部下の仕事の進め方に非があり、上司の指導内容が正しかったとしても、暴力や人格否定が許されるわけではないからです。

地公災基金愛知県支部長事件（名古屋高判平22.5.21労判1013号102頁）は、「確かに、部長が仕事を離れた場面で部下に対し人格的非難に及ぶような叱責をすることがあったとはいえず、指導の内容も正しいことが多かったとはいえるが、それらのことを理由に、これら指導がパワハラであること自体が否定されるものではない」と判示しています。

　相談事案において、上司が「部下のほうが悪い」「自分の指導は正しい」と弁明することがありますが、このような土俵に乗ってしまうことなく、パワハラと評価される客観的言動（人格否定など）が認められれば、それを理由とした懲戒処分、厳重注意等を行なうべきです。ただし、部下の側に問題行動があり、それに対して暴力や人格否定に至らない範囲で強い指導をしてもパワハラに当たらないことは、本章4節②で述べたとおりです。

④受け手が暴言を気にしていなかったら

　受け手がパワハラと感じても、客観的にみて就業環境を害する言動が認められなければパワハラは成立しません。この点は、本章5節②でもみたとおりです。

　それでは逆に、怒鳴り声で「馬鹿野郎！」「死んでこい！」などと繰り返し罵倒する言動が認められるものの、暴言を受けた部下本人は、学生時代からこの種の言動に慣れておりまったく気にしていない、という事例をどう考えるべきでしょうか。実務では、受け手本人が気にしていなくても、周囲や隣の部署の者が不快に感じて通報に至るケースがみられます。

　客観的にパワハラ言動が認められる以上は処分・注意を行なうべきか、それとも、言動を向けられた部下本人が気にしていないなら差し支えないか、という問題です。

ここでも、受け手の主観ではなく、あくまでも客観的言動の有無により判断すべきです。客観的にみて「大声」「罵倒」といった言動を繰り返しているのであれば、周囲の従業員を含めた職場環境に悪影響が生じていること、たまたま受け手が気にしていなくても今後、他の従業員がターゲットになる可能性があることから、現時点で上司に処分・注意を行なうべきです。

　ただし、本当に部下本人が気にしていないのであれば、そのことを「被害度」という点で考慮し、懲戒処分に至らない注意にとどめる対応は考えられます。パワハラの成否ではなく、量定事情のひとつとして考慮する形です。

8
パワハラに関する裁判例を検討する

　職場のパワハラを考える際に裁判例を参照することがあると思いますが、あくまで「参考」という位置づけにすべきです。

　民事裁判で問題となっているのは、当該言動が民法上の「不法行為」と評価されるかという点です。これに対し、企業がパワハラ防止を検討するにあたっては、刑法上の犯罪、民法上の不法行為に限らず、従業員の就業環境を害する言動全般を視野に入れていかなければなりません。民法上の不法行為だけでは十分でないことは、本章2節で述べたとおりです。

　民法上の不法行為とパワハラが問題となった参考裁判例という限度で、何点か裁判例を紹介します。

［東京MKタクシー事件］（東京地判平26.12.10判時2250号44頁）

　原告6名がタクシー会社の代表取締役社長からパワハラを受けたとして不法行為に基づく損害賠償請求をした事案です。

　判決では、運転指導中に大声で「脳みその構造がおかしい」などと怒鳴りつける、運転指導中に「こら。あほ。全然わかっとらんな。おまえ」「他の会社に行け。おまえ。マジで」と暴言を吐き、後部座席から運転席を蹴りつけるといった言動が認定されています。

　判決は、これらの言動は不法行為に該当するとし、原告1名当たり慰謝料30万円を認容しています。運転席を後ろから蹴りつける暴行、「あほ」「脳みその構造がおかしい」といった暴言が民法上の不法行為に該当することは明らかです。

［メイコウアドヴァンス事件］（名古屋地判平26.1.15労判1096号76頁）

　パワハラに関する裁判例には、パワハラを原因とする精神疾患が自殺という結果をもたらす事件がみられます。

　本件は、仕事のミスが多い社員に対し、社長が「てめえ、何やってんだ」「どうしてくれるんだ」「ばかやろう」などと大声で怒鳴りつけ、頭を叩いたり、殴る蹴るといった暴行も複数回行なわれた事案です。

　亡くなる1週間前にも、脚を2回蹴るなどの暴行を行ない、全治2週間を要する両大腿部挫傷の傷害を負わせています。その4日後には、「一族で誠意をもって損害を2か月以内に返済する」と記載された退職届を書くよう強要し、額は1000万〜1億円と鉛筆で書かれ消された跡がありました。

　判決は、従前から心理的ストレスが蓄積していたところに、暴行と強要を連続して受けたことで急性ストレス反応を発症したと認め、不法行為に基づく損害賠償として約5400万円を支払うよう命じました。本件の行為は、民法上の不法行為どころか、刑法上の犯罪に相当するレベルのものです。これらの行為により自殺という結果を生じさせたとして高額の損害賠償を認容しています。

［X産業事件］（福井地判平26.11.28労判1110号34頁）

　本件もパワハラと自殺との因果関係を認めて、不法行為に基づく損害賠償請求を認容した事件です。

　具体的には、高卒入社直後の部下に対し、上司が「学ぶ気持ちはあるのか、いつまで新人気分」「詐欺と同じ、3万円を泥棒したのと同じ」「相手するだけ時間の無駄」「嘘を平気でつく、そんなやつ会社に要るか」「会社辞めたほうが皆のためになるんじゃないか、辞めてもどうせ再就職はできないだろ、自分を変えるつもりがないのならば家

でケーキ作れば、店でも出せば、どうせ働きたくないんだろう」「死んでしまえばいい」「辞めればいい」「今日使った無駄な時間を返してくれ」等の多数回に及ぶ言動を繰り返し、その結果、部下が自殺に至ったという事案です。

判決は、これらの言動について、仕事上のミスに対する叱責の域を超えて、部下の人格を否定し、威迫するものであると評価しています。そして、これらの言動が経験豊かな上司から入社後1年にも満たない社員に対してなされたことを考えると、典型的なパワーハラスメントといわざるをえず、民法上の不法行為に当たると認められると判示し、約7200万円という高額の損害賠償を認容しています。

［医療法人財団健和会事件］（東京地判平21.10.15労判999号54頁）

本件は、上司による厳しい指導について、職場の管理職が当然になすべき業務上の指示の範囲内であるとし、損害賠償請求を棄却した事件です。

医療法人の健康管理室に配属された総合職の社員が、単純な問診票の入力ミス、診断内容記載ミス、レントゲンフィルムの整理番号ミス等の多くのミスをしたため、上司が本人と面接を行ない、ミスが非常に多いこと、わからなければわかったふりをせずに何度でも確認してほしいこと、仕事を覚えようとの意欲が感じられないこと、仕事に関して質問を受けたことがないこと等を指摘しました。

それでも仕事上のミスが続いたため、上司が再度面接を行ない、相変わらず学習していないこと、このままの状況では健康管理室の業務に対応できないこと、仕事を覚えるのが遅くても一生懸命やっているという周りを説得するだけの意欲がほしいこと等を指摘しました。

判決は、原告のミスや不手際はいずれも正確性を要請される医療機関で見過ごせないものであり、上司による注意・指導は必要かつ的確

なものと評価しています。そして、上司は時には厳しい指摘・指導や物言いをしたものの、それは生命・健康を預かる職場の管理職が当然になすべき業務上の指示の範囲内にとどまるものであり、とうてい違法とはいえないと判示しています。

　業務上必要かつ相当な範囲内であると判断するにあたり「業種・業態」「業務の内容・性質」が考慮された点もポイントです。

9
事業主の方針等の明確化と
その周知・啓発

①パワハラの内容、パワハラを行なってはならない旨を明確にする

　法律上、企業が講じなければならない「措置」の内容は、厚生労働省のパワハラ指針の中で具体的に定められています。そのひとつが、職場におけるパワハラに関する方針を明確化し、それを社内に周知・啓発することです（指針4（1）参照）。

　企業が立てる方針の中で「パワハラの内容」「パワハラを行なってはならない旨」を定め、それを社内に周知・啓発していきます。つまり、パワハラとはどういった言動をいうのか、その「内容」を明らかにしたうえで、そうしたパワハラ言動を「行なってはならない」ということを周知・啓発します。

　周知・啓発にあたっては、職場におけるパワハラ防止の効果を高めるため、その発生の原因や背景について労働者の理解を深めることが重要とされています（指針4（1）参照）。そのため、社内の周知・啓発においては、パワハラ発生の原因や背景には従業員同士のコミュニケーションの希薄化など職場環境の問題もあること、日常的なコミュニケーションに努めることや定期的に面談やミーティングを行なうことを通じてコミュニケーションの活性化をはかるべきであることもアナウンスしていくことが重要です。

　周知・啓発の方法として、就業規則その他の職場における服務規律等を定めた文書に規定すること、社内報・パンフレット・社内ホームページなどを通じて広報すること、啓発のための資料等に記載するこ

と、従業員に対して研修・講習等を実施することといったものが例示されています（指針4 (1) イ参照）。これらは例示であるため、すべてを実施しなければならないというわけではありません。就業規則ではなく社内パンフレットなどを通じて周知・啓発する形でも構いません。

②厳正に対処する旨、対処の内容を規定する

上記①に加えて、パワハラ言動を行なった者については厳正に対処する旨、および対処の内容を就業規則その他職場における服務規律等を定めた文書に規定し、社内に周知・啓発することが求められています（指針4 (1) ロ参照）。パワハラ言動をしたらどうなるかということも周知・啓発するということです。

具体的には、就業規則や懲戒規程に「業務上必要かつ相当な範囲を超えて他の従業員等の就業環境を害すること」といった懲戒事由を定め、それを周知する方法が考えられます。

以前から就業規則や懲戒規程にパワハラに関する懲戒事由が定められているものの、その文言が法30条の2に沿っておらず、たとえば「パワーハラスメント（いじめ・嫌がらせ・暴言など）を行なわないこと」といった文言になっているケースも想定されます。この点については、必ずしも現行の文言を法30条の2に即したものにする必要はなく、パワハラ言動を行なった者は懲戒処分の対象になるという趣旨の規定が設けられていれば足ります。

10
相談体制の整備、事後対応など

①相談体制の整備

　法30条の２に基づく措置として、相談に応じて適切に対応するために必要な体制を整備しなければなりません。

　第１に、パワハラ相談に対応する窓口（相談窓口）をあらかじめ定め、社内に相談窓口の存在を周知することが求められます（指針４(2)イ参照）。たとえば、社内の担当者を決めて窓口を設ける方法のほか、法律事務所など外部の機関に相談への対応を委託する方法（外部相談窓口）も考えられます。外部相談窓口の設置は必須ではありませんが、相談のしやすさという点で有用です。

　第２に、相談窓口の担当者が相談の内容や状況に応じて適切に対応できるようにすることも求められています。具体的には、相談窓口の担当者が相談内容や状況に応じて人事部門と連携をはかる、相談担当者向けのマニュアルを作成する、相談窓口の担当者向けの研修を行なうなどがあげられます。相談窓口を設置するだけでなく、担当者の「適切な対応」を担保する取り組みが求められます。

②事後の迅速・適切な対応

　実際に相談窓口に相談申出があった場合は迅速かつ適切な対応をとらなければなりません。ここで求められるのは「事実関係の確認」「被害者に対する配慮措置」「行為者に対する措置」「再発防止に向けた措置」の４点です（指針４(3)参照）。つまり、相談者、行為者、第三者（同僚など）へのヒアリング調査等により事実関係を確認したう

えで、パワハラの事実が認められた場合には、被害者対応、行為者対応、再発防止を検討しなければならないということです。

被害者対応としては、行為者との関係改善に向けた援助、被害者と行為者を引き離すための配置転換、行為者の謝罪、メンタルヘルス不調への対応などがあげられます。パワハラ被害を受ける中で降格・減給など被害者に労働条件面の不利益が生じていた場合には、その回復も検討します。行為者への対応は、懲戒処分の検討が中心となりますが、あわせて降格・降職、配置転換など人事処分も検討を行なう点が重要です（本章11節参照）。

再発防止については、パワハラを行なってはならない旨、および厳正に対処する旨の方針を社内報などにあらためて掲載する、パワハラ防止の研修・講習等をあらためて実施するなどがあげられます。

③あわせて講ずべき措置

法30条の2に基づいて「プライバシー保護」「不利益取扱い」の2点をあわせて講じることが求められています（指針4(4)参照）。

プライバシーの保護は、相談者はもちろん、行為者に対しても忘れてはなりません。調査の過程で相談者・行為者双方のプライバシーが害されることのないよう、ハラスメント防止規程や社内パンフレット等の中にプライバシー保護を定める、相談担当者向けのマニュアルや研修でも言及するなどがあげられます。

不利益取扱いについては、パワハラを相談したこと、事業主の調査に協力したこと等を理由とした不利益取扱い（解雇・降格・減給など）をされない旨を定め、社内に周知・啓発することが求められます。ハラスメント防止規程や社内パンフレット等の中で「相談申出や事実確認協力をしても解雇・降格・減給等の不利益取扱いはされない」ことを記載して、社内に周知・啓発するのがよいでしょう。

11
パワハラ事案に対する
処分・措置の考え方

①基本的考え方

　社内でパワハラの相談申出があり、ヒアリング等の調査を実施したところパワハラ言動が認められた場合、企業としてどのような対応をとるべきでしょうか。

　その場合は、パワハラ言動を理由とする懲戒処分はもちろんのこと、降職（役職の引下げ）、配置転換などの人事上の措置も検討すべきです。つまり、就業環境を害する言動により企業秩序に悪影響を及ぼしたこと（企業秩序違反）を理由とする懲戒処分と、管理職不適格を理由とする降職、その部署に配置し続けるのが不適当であることを理由とする配置転換等とを区別して考える必要があります。

　同一事案に対して2回の懲戒処分を行なうことは許されませんが（一事不再理の原則）、同一のパワハラ事案に対して、譴責の懲戒処分を行ないつつ、配置転換という人事処分を行なうことは可能です。

　あるいは、パワハラ言動が認められるものの、悪質性が低く本人も反省しているケースでは、懲戒処分に至らない厳重注意、口頭注意にとどめる対応も考えられます。

企業秩序違反を理由とする懲戒処分	人事上の措置
懲戒解雇、諭旨退職、降格、 出勤停止、減給、譴責・戒告	降格・降職、配置転換、評価に基づく 給与減、懲戒に至らない厳重注意、 普通解雇、退職勧奨　など

②パワハラ言動を繰り返す管理職のケース

　ある部門のトップが気に入らない部下数名に「無能な人間は会社を去れ」「そこから飛び降りろ」「迷惑だから、いますぐ辞表を書け」などの言動を繰り返し、それが原因で休職に入ったと思われる者も出ていたとします。部門長はそのことを自覚しながら「次はだれがいなくなるかな？」と周囲に圧力をかけるような言動までしていました。

　このような人格・能力を否定する発言をあえて繰り返すことは、民法上の不法行為レベルと評価される言動です。悪質性や被害度の深刻さを重くみて、懲戒処分として「降格」するとともに、人事上の措置として「配置転換」により別の部署に異動することが考えられます。

　裁判例でも、営業ノルマ未達成の部下へのパワハラ言動を繰り返した理事・営業部長に対する降格の懲戒処分（副理事・担当部長に降格）について、「成果の挙がらない従業員らに対して、適切な教育的指導を施すのではなく、単にその結果をもって従業員らの能力等を否定し、それどころか、退職を強要しこれを執拗に迫ったものであって、極めて悪質である」と判示して、処分を有効と認めたものがあります（M社事件・東京地判平27.8.7労経速2263号3頁）。

　あるいは、言動の態様、行為者のこれまでの貢献、他事案との公平性、注意を受けた経緯の有無等に鑑み、懲戒処分としては「出勤停止〜減給」としつつ、人事上の措置として「降職」および「配置転換」を行なう対応も考えられます。

　このように、パワハラ事案に対する処分を検討するにあたっては、懲戒処分と人事上の措置の両面から考えていきます。

③厳しい指導により部下を追い詰めるケース

　能力・パフォーマンスに対する厳しい指導が部下を精神的に追い詰める懸念があるため要注意であることは、本章4節③で述べたとおり

です。たとえば、「馬鹿」「無能」「役立たず」などの明確な人格否定発言は見当たらないものの、パフォーマンスの上がらない部下を追い詰めるように厳しく指導し、それにより複数の社員たちが疲弊してしまっているケースにどう対処すべきでしょうか。

こうしたケースは、上司の言い方や態度を理由として譴責等の懲戒処分を行なうことも考えられますが、本質的には上司の部下管理（マネジメント）の問題ととらえ、このようなマネジメント上の問題について、会社から上司に対して注意・教育を行ない、それでも同じようなことが繰り返される場合には、管理職不適格を理由に人事処分としての降職を検討すべきです。

④相談の内容が事実として具体性を欠くケース

ハラスメントの相談窓口に「Y部長のパワハラがひどい」といった通報があった場合、軽々に調査を開始してしまってよいでしょうか。

ハラスメント相談の内容は、可能な限り５Ｗ１Ｈで事実を具体的に特定した形で聴取すべきです。「パワハラがひどい」という抽象的な内容では、具体的事実としてパワハラ言動に関する相談がなされたとはいえません。それにもかかわらず、軽々にY部長に対するパワハラ調査に踏み込んでしまった場合、いまだ調査段階であるとはいえ「会社からパワハラで調査を受けているらしい」といった話が広まり、Y部長への名誉毀損に加担してしまう懸念にも留意すべきです。

したがって、通報が抽象的な内容にとどまる場合には、パワハラとは具体的にどのような「言動」をいうのか、事実として特定するよう促し、そのうえで調査を開始していくべきです。

このように、パワハラ事案の対応にあたっては、被害者救済の視点もさることながら、一方で行為者と言われた側の名誉・信用やプライバシーにも留意しながら進める必要があります。

12
カスタマーハラスメントと企業対応

①カスタマーハラスメントとは何か

　カスタマーハラスメントとは、取引先など他の事業主が雇用する労働者からのパワハラ言動や、顧客等からの著しい迷惑行為（暴行、脅迫、ひどい暴言、著しく不当な要求等）をいいます（指針7参照）。

　厚生労働省のパワハラ指針では「望ましい取組」という位置づけで一定の考え方が示されています。法30条の2に基づく義務ではないものの、企業の取り組みとして検討することが考えられます。

　取り組みを進めるにあたっては、①自社の従業員が顧客・取引先等から被害を受ける場面と、②自社の従業員が加害者になる場面に分けて検討します。

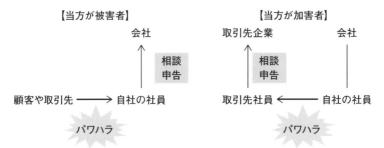

②自社の従業員が被害を受ける場面

　たとえば、取引先の担当者が本日中の納期を指定するなど無理難題を押しつけ、それができないとわかると「ふざけるな！」「死んでこい！」などと大声で罵倒してくるようなケースを考えてみます。

厚生労働省のパワハラ指針は、こうした顧客・取引先等の行為についての「相談先（上司、職場内の担当者等）」をあらかじめ定めておくのが望ましいと述べています。通常のパワハラと異なるのは相談先として「上司」が例示されている点です。通常のパワハラでは当の上司が加害者となる懸念があるため、人事や法務・コンプライアンスの窓口を相談先として定める必要がありますが、顧客・取引先等からの行為についてはむしろ現場の実情をよく知っている上司が適切に対応することが可能と考えられるためです。

　また、顧客・取引先等のパワハラ言動が認められた場合には、被害者への配慮のための取り組みを行なうのが望ましいとされています。具体的には、パワハラ言動を行なう顧客・取引先等に一人で対応させず役員や管理職が一緒についていくようにするほか、被害者を担当から外してあげたり、事案が深刻なときは必要に応じて取引先側に状況を共有して対応を求めたりすることも考えられます。

　さらに、この種の被害に関して対応マニュアルの作成や研修実施も有効と述べられています。介護施設などカスタマーハラスメントが強く懸念される業種では検討に値します。

③自社の従業員が加害者になる場面

　厚生労働省のパワハラ指針は、自社の従業員に対し、他社の従業員、個人事業主、就職活動中の学生、インターンシップに参加している者に対するパワハラ言動を行なわないよう、あわせて周知・啓発することが望ましいと述べています（指針6参照）。

　ここで取り上げられているのはパワハラ言動ですが、立場を利用して他社の従業員や学生等に性的関係を迫るようなセクハラ言動についても周知・啓発を検討すべきです。

④セクハラに関する条文

　均等法11条3項は「事業主は、他の事業主から当該事業主の講ずる第一項の実施に関し必要な協力を求められた場合には、これに応ずるよう努めなければならない」と定めています。これは、自社の従業員が取引先等の従業員にセクハラ言動を行ない、取引先から事実調査等への協力を求められた場合、協力に応じる努力義務を定めた条文です。

　法律上の義務ではないものの、自社の従業員が「加害者」となった場合の協力についての努力義務を踏まえた検討が求められます。

　また、自社の従業員がセクハラの「被害者」となる場面については、指針に定めがおかれています。

　すなわち厚生労働省のセクハラ指針は、セクハラ（性的な言動）を行なう者には自社の役員、上司、同僚に限らず、取引先の役員・社員、顧客、患者やその家族、学校における生徒等も含まれると定めています（セクハラ指針2(4)参照）。そして、自社の従業員が取引先等からセクハラ被害を受けた場合には、必要に応じて、事実調査、再発防止等について協力を求めることも、雇用管理上必要な措置に含まれると述べています（セクハラ指針3(3)参照）。

　指針は「必要に応じて」としているため、取引先等への協力要請が常に必須というわけではないものの、こうした対応も選択肢のひとつとして検討することになります。

第2章

パワハラを誘発させないマネジメント

1
パワハラが発生している
職場の特徴

　パワーハラスメントは近年、われわれが働く職場のみならず、スポーツ界、政治や行政の世界、芸能界などでも発生しています。

　パワハラは、職場で働く個人の人格や尊厳を著しく傷つける行為であり、働きやすい職場環境を阻害する許されない行為です。そうであるにもかかわらず、パワハラは発生しているという事実を直視する必要があります。このような現状を受け、「労働施策総合推進法」の改正（いわゆる「パワハラ防止法」）のもと、パワハラは厳格に対処しなければならない重要事項となります。そこで、まず実際にパワハラが発生している職場の特徴をみていきましょう。

①コミュニケーションが不足している

　全国都道府県労働局等に設置されている総合労働相談コーナーに寄せられる労働相談の中で、「職場のいじめ・嫌がらせ」（パワハラなど）は年々増加傾向にあります。解雇や退職勧奨など、他の労働相談が減少傾向にある中、群を抜いて増加しているのが実情です。

　「パワーハラスメント」という言葉は、2001年に岡田康子 クオレ・シー・キューブ代表取締役とそのスタッフが創った和製英語だといわれています。「パワハラ」という概念が世に出てからすでに20年も経つのに、なぜパワハラはなくならないのでしょうか。平成28年度厚生労働省の委託事業「職場のパワーハラスメントに関する実態調査」によると、パワハラに関連する相談がある職場に共通する特徴として、「上司と部下のコミュニケーションが少ない」が45.8％ともっとも多

く、2位以下を大きく引き離しています。つまり、上司・部下間の「コミュニケーションレス」に起因するパワハラが多いということです。

　では、どのような職場で、上司と部下の間でのコミュニケーションが不足するのでしょうか。一つは、上司が典型的な「指示・命令型」で、部下が自分の意見を自由に言えない、相談できる雰囲気がない職場です。たとえば、次のような場合があげられます。

◆会議や面談の席ではいつも上司が一方的に話しており、部下は常に受け身で聞いているだけ

◆部下が発言しようとすると、すぐ遮られたり足りない点を指摘されたりする

◆職場の飲み会ではいつも上司が主導権を握っており、部下の居場所がない

◆上司に相談しようとしても、聞く耳をもってくれない

◆上司に意見を言おうものなら、説教されるか一喝される

　こうした職場では、部下は言いたくても物が言えず、上司と部下の間のコミュニケーションは希薄になります。このタイプの上司の多くは、いわゆる「昭和型マネジメント」で、部下の意見に聞く耳をもちません。「自分は上司である」という自意識が強く、「自分は絶対的存在である」という信念をもっていたりするため、従順な部下像を求め、自分に従う態度を示さない部下は気に障って仕方がないのです。

　このタイプの上司は、部下の意見に聞く耳をもっているような態度は示すものの、自分の意見が否定されることに対しては強く拒否します。それが表情や姿勢にあからさまに表われるため、部下は当惑してしまうのです。このように、言葉とは正反対の態度を示し、相手を困惑させるような状態を、心理学用語で「ダブルバインド」（二重拘

束）といいます。2つの矛盾した指示や命令をすることで、相手の精神にストレスを感じさせてしまうコミュニケーションの状態で、パワハラを招きやすく注意が必要です。このようなダブルバインド上司がいる職場では、部下は常に上司の顔色をうかがいながら仕事をしなければならず、上司・部下間のコミュニケーションは阻害されやすくなります。

②正しく伝わらない、誤解・曲解される

　もう一つは、上司・部下間での「ミスコミュニケーション」の多い職場です。上司の依頼事項が部下に正しく伝わらず、場合によっては誤解・曲解されかねません。たとえば以下のような状況がみられる職場は、ミスコミュニケーションが多いといえるでしょう。

◆上司の指示がいつも概括的かつ大雑把で、部下は上司の指示の真意が理解できない

◆上司と部下の間でface to faceのやりとりが少ない

◆重要事項の伝達や意思疎通がメールやLINEのみで行なわれている

◆部下が上司の指示内容を確認しようとすると、上司はいつも嫌な顔をする

　部下が、上司の意図や指示内容をつぶさに理解するなど、不可能に近いことです。しかし、このミスコミュニケーション・タイプの上司は、部下はそれができて当然と考えているため、上司の思いどおりにできないと、「どうしてできないんだ！」「このくらい、言われなくてもきちんとやれよ！」という態度を示し、パワハラと受けとめられてしまうのです。上司はこの点を十分に認識する必要があります。

　また、上司がいずれのタイプであれ、部下は、上司に自分の理解している内容をきちんと伝え、誤解のないコミュニケーションを実践します。そして、それでもうまくいかない場合は、職場の同僚や社内の

相談窓口に相談して、対処方法を考える必要が出てきます。

　それ以前に重要なのが、上司・部下双方が正しいパワハラの知識をもつことです。「暴力をふるったり、大声で怒鳴ったりしなければパワハラではない」といった認識は、いまや通用しません。ダブルバインドやミスコミュニケーションなどが原因となり、部下を精神的に追い詰めてしまうことも、立派なパワハラになります。パワハラの行為者・被害者にならない取り組みが、すべての職場に求められているという認識をもつことが重要です。

　われわれが働く職場は、時として過酷な状況下におかれることもあり、近年、構造転換が強く求められている企業では整理解雇や早期退職を促すところも少なくありません。しかし人員を削減しても業務量が減るわけではなく、残った社員が担当する仕事量は大幅に増え、結果的に残業時間が増えるなど、過重労働が発生するケースも生じています。このような場合には、社員のストレスも増大し、職場で優越的地位に立つ者のパワハラが横行しやすい状況も出てきます。

　仕事上で必要な教育的指導の範囲内でなされる行為であれば、パワハラには当たりませんが、能力や経験とかけ離れたノルマを強制するような行為は、パワハラに該当する可能性があり、パワハラ問題を惹起させる可能性も高いといえます。

　その職場独自の慣習やルールが当たり前となってしまい、一般的にみればパワハラに当たる行為でも、冷静かつ客観的な判断ができなくなるケースもあります。「この程度のことは当たり前」という職場の雰囲気がつくられてしまうと、パワハラを感知できない職場になってしまいますから、くれぐれも気をつけなければなりません。

2
パワハラ対策に効果的な取り組み

①管理職や一般社員に直接的に働きかける

　パワハラの禁止が法制化される世間的な動向の中で、企業として
も、職場のパワハラに対する予防・解決のための取り組みは経営上の
重要課題との認識は全般的に高まっています。企業規模や社員規模に
よる違いは若干みられるものの、何らかの対策を講じているところが
大半といって差し支えないでしょう。主なパワハラ防止策としては、
以下のようなものがあげられます。

◆就業規則、労働協約などでの方針の明確化

◆「パワハラ防止研修」などによる啓蒙活動

◆職場実態把握のための社員アンケート（ES調査など）の実施

◆苦情処理機関、相談窓口の設置と対応策の策定・実行

◆被害者・行為者のプライバシー保護

　就業規則などの文書の中で、職場においてパワハラを行なってはい
けない旨の方針を規定し、あわせて、職場におけるパワハラの内容や
その発生原因・背景、パワハラにかかわる言動を行なった者に対する
懲戒規程の適用などを定め、社員に周知・啓発している企業が数多く
存在しています。

　また、パワハラ防止の方針と具体策を伝える啓蒙研修や講習会を実
施する企業も増えてきました。「パワハラ防止研修」のコンテンツと
しては、一般的に「パワハラの定義」「パワハラの種類」「パワハラの
判断基準」「企業に求められる対応」「パワハラを誘発させないマネジ

実施カリキュラム	時間	所要 210分	研修 形式	主な内容
イントロダクション	14:00〜14:05	5分	－	●事務局メッセージ／研修プログラム 説明
Ⅰ. パワーハラス メントの最近の 動向	14:05〜15:00	55分	講義	●増加しているパワーハラスメント ●政府の検討経緯と最近の動き ●パワハラの定義と6類型 ●各種ハラスメントと防止策 ●パワハラ対策として効果を実感して いる取り組み ●パワハラの範囲と判断基準 ●誤解のない人間関係を築くために
休憩				
Ⅱ. パワーハラス メントを誘発さ せないマネジメ ントの実践	15:10〜16:30	80分	講義 ＆ 演習	●日常レベルでのコミュニケーション の重要性 ●リーダーがもつ「思考の枠」を広げる ●人間の基本的欲求を理解する ●コーチングの基本スキルを身につける ●部下の成熟度と状況対応型リーダー シップ ●個人ワーク＆グループディスカッ ション
休憩				
Ⅲ. 職場環境をよ くするための 1on1 ミーティ ングのドゥハウ	16:40〜17:20	40分	演習	●演習目的の説明 ●1on1 ミーティングの実践 ●部下の状況に応じた対応方法 ●ロールプレイ＆フィードバック・ フィードフォワード
Ⅳ. 全体質疑	17:20〜17:30	10分	－	●質疑応答 ●事務局からの連絡事項の伝達

メントの実践」などが含まれます。図はその一例です。

　このような取り組みは、どう効果的なのでしょうか。厚生労働省の「職場のパワーハラスメントに関する実態調査」（平成28年度）によると、効果を実感した比率がもっとも高いのは「管理職を対象にパワーハラスメントについての講演や研修会を実施した」で、実施企業の74.2％。次いで「一般社員等を対象にパワーハラスメントについての講演や研修会を実施した」69.6％となっています。管理職や一般社員に直接的に働きかける取り組みに高い効果があるといえそうです。

ちなみに、厚生労働省では、パワーハラスメントの定義を「同じ職場で働く者に対して、職務上の地位や人間関係などの職場の優位性を背景に、業務の適正な範囲を超えて、精神的・身体的苦痛を与える又は職場環境を悪化させる行為」とし（厚生労働省「職場のいじめ・嫌がらせ問題に関する円卓会議ワーキンググループ」）、パワハラの種類として6類型を示しました。これらをもとに、厚生労働省ではパワハラに当たるケースを「パワハラ指針」として公表していますので確認しておきましょう（本書4章参照）。

②ES調査などの社内調査や社員アンケートを通じた実態把握

　職場におけるパワハラの実態を確認する趣旨で、ES（社員満足度）調査などの社内調査や社員アンケートを実施して、パワハラが存在する職場実態を特定・把握するなどの取り組みも増えています。実際に、このようなアンケート調査結果から、パワハラが存在する職場やパワハラを行なっている上司が特定される場合も出てきています。たとえば以下のような意見が自由記述欄にあげられたりしますので、その場合には、間髪を入れず早急な対応が求められることはいうまでもありません。

◆部署によっては「いじめ」や上司からのパワハラがある。パワハラやいじめのない会社にしないと若い人が続かない

◆許容範囲を超えた仕事をやらせ続けるのは、一種のパワハラかと思うときがある。指示指導の言葉遣いが暴力的になっているのをみる

◆一部の部課長クラス役職者の言葉遣いや会話が聞くに堪えない。「ちゃんと考えてもの言えボケ」「また間違えて、ぶっ殺すぞ」など、冗談を含むとしても職場環境として不適切で、ストレスがかかる

　また、社内にパワハラ関連の苦情処理機関や相談窓口を設け、実際

にパワハラに該当する事案が発生した場合には、当該相談者に対して適切に相談に応じ、対応するための必要な体制を整備している企業も増えています。当該本人のプライバシーを尊重した慎重な対応が必要となってきます。

　自社の現状に即して真に有効な施策は何かを考え、具体的な対策の立案・実施が求められているといえるでしょう。

3
パワハラを起こしやすい人の
特徴と対応策

①パワハラを起こしやすい人の特徴

　パワハラを起こしやすい人の特徴としては、どんな点があげられるでしょうか。

　まず、「目標の達成に向けて強い意識や執着心をもっている」ケースが見受けられます。そのような人は、部下に対しても目標を押しつけがちですが、部下の立場からすれば、高い目標を無理矢理押しつけられていると感じ、「どうせ達成できないのだから…」とやる気も失せてしまいかねません。そもそも目標の根拠がよくわからず、部下の不満が高じると「この上司は目標のことしか考えていない」と疑心暗鬼にさえなってしまう。そんな状況では、部下は本気で目標に取り組まなくなり、ますます進捗が遅れ、未達成への不安が募るばかり。そんなところから、最後には怒りが爆発してパワハラにつながります。

　「自分の価値観が絶対と考えている」上司も、パワハラにつながる

パワハラを起こしやすい人の特徴	パワハラを防ぐ4つのポイント
目標達成への強い意識	目標の合意と共有
自分の価値観が絶対	価値観の把握と周知
コミュニケーション不足	部下や周囲への働きかけ
すぐ感情的になりやすい	感情（怒り）のコントロール

信頼関係が構築できていないため、
「パワハラ」ととらえられてしまう

上記の4つのポイントからパワハラ
を意識して関係性構築を心がける

危険性があります。自分にとっては当たり前の価値観が、若手の部下には通用しない場合です。たとえば上司が「上司や先輩に対しては積極的に質問や相談をすべき」「部下は自分から率先して動くべき」と考えていても、当の部下本人は、「上司や先輩にはなるべく迷惑をかけないようにすべき」「変に目立つことは慎むべき」と考えていれば、上司の価値観や期待に沿った行動はとらないケースが増えてくるでしょう。そんな部下をみて、上司は思わずイラッとします。

　「コミュニケーション不足」がパワハラを惹起させる引き金になるケースも多いようです。たとえば上司・部下間でのコミュニケーションが足りないと、部下の仕事が遅いとか、感じが悪い、反抗的、いつもヘラヘラしているといった見方をしがちです。実際には、部下は正確性を重視して何度もチェックを入れているかもしれません。本当はシャイで人と話すことが苦手なために他者から好印象を得られなかったり、「人に認められたい」という承認欲求が人一倍強いあまりに反抗的にみえる場合もあります。言いたいことが言えずに自分をごまかしているので、ヘラヘラしているようにみえる人もいます。コミュニケーションが足りないと、その奥にある真実が理解できずに、相手の表面的な態度に苛立つことがパワハラにつながってしまうのです。

　そして、「すぐ感情的になりやすい」人は、パワハラを起こしやすい傾向があるので注意しましょう。たとえば、たわいのないことでも思わずカッとなって怒鳴ってしまったとか、忙しくてイライラが募り、必要以上に厳しくあたってしまった、あるいはヒートアップして止まらなくなる、アタマにきて思わず暴言を吐いてしまったなどの経験をおもちの方は、要注意です。

②パワハラを防ぐポイント

　以上のような傾向がある場合には、次の点に気をつけましょう。

①目標の合意と共有

　目標について上司と部下で徹底的にお互いが納得するまで話し合うことです。そして、目標設定面談などの場面で、合意と共有をはかります。その際、上司は、会社や部門のビジョンや方針をきちんと説明し、意見交換をします。また、部下への期待値をはっきりと伝え、部下の目標とそれを達成することの意義を確認します。さらには、目標達成に向けた方策を共創（一緒に創る）し、目標達成に向けた部下の不安を払拭して、動機づけをはかります。

②価値観の把握と周知

　自分の価値観と部下の価値観の違いを丁寧に確認し、自分の価値観を知り（自己認知）、それを相手に伝えることになります。つまり、自分がどのような価値観の持ち主で、何を大切にしているかを相手や周囲に伝えておくことで、誤解のない信頼関係が保てるのです。たとえば、「報告を大切にしている。ちょっとしたことでもすぐ報告してほしい」と思うのであれば、そう伝えるべきであり、「スピードにこだわる。メールのレスが遅いとすごく気になる」と思うのであれば、その旨を伝えるべきでしょう。

　いずれにせよ、人は違って当たり前という前提で、他の世代や年代の価値観を理解しようとする柔軟な姿勢は、今後いっそう求められてきます。世代による価値観の変化とは、たとえば、「ミレニアル世代」が30代後半になり、働き手の中核になってきています。次に続く「アイフォン・ネイティブ」と呼ばれる世代がいよいよ働き手になってくると、年配者やシニア層は、「いまの若者は何を考えているのかよくわからない」ということにもなってしまいます。

　この種の話はずいぶん昔から語られ続けてきたことですが、世代間の価値観の違いを今後どうとらえていくべきか。最近では「ジェネ

レーショノミクス」などという考え方も出てきており、世代の違いが価値を生むともいわれています。このあたりを前提とした対応も必要に迫られています。

　③部下や周囲への働きかけ

　ポイントは、「声をかける」「話しかける」、そして「聴く」です。たとえば、いつも相手に関心を寄せて「見ている」ことを伝えます。そして、相手に話をさせるきっかけをつくります。相手が話してくれれば、相づち、繰り返し、共感などで相手の話をじっくりと傾聴します。話を聴くことで、相手の価値観や状況を知ることができます。このようなプロセスを踏まえたうえで、自分のことを話し、身近に感じてもらいます。日頃の会話を通じて、意図的に上記のような「声かけ」を行なうことで、信頼関係は深まります。

　④感情（怒り）のコントロール

　近年、「アンガー・マネジメント」という領域が確立されてきました。ベストセラーとなった『嫌われる勇気』（岸見一郎、古賀史健著）の中にも「人は怒りを捏造する」とあるように、カッとなったときには、慌てず騒がず、まず「頭の中で数字を考える」「心が落ち着く言葉を唱える」「頭の中を真っ白にする」「いったんその場を離れる」「目の前にある何かを観察する」「腹式呼吸をして心を落ち着かせる」などを試してみます。

　怒りのピークは長くて6秒といわれます。その6秒間をやり過ごす努力をします。怒りに対する対処法を学ぶことで、感情のコントロールが可能となってきます。最近では、パワハラ対策のために、「アンガー・マネジメント研修」を導入する企業も増えてきています。

4
関係性構築の重要性を再認識する

①上司・部下間の関係性を構築する

　パワハラを誘発させない職場づくりに際しては、上司・部下間の関係性の構築が出発点となります。

　関係性構築の重要性は、よく「成功の循環モデル」で説明されます。組織とは、「人の集まり」であると同時に「関係性の集まり」でもあります。ダニエル・キム MIT（マサチューセッツ工科大学）教授が提唱した組織の成功の循環モデルは、組織が成果を上げ成功に向けて進んでいくために重要視しなければならないポイントを示唆しており、組織のマネジメントにも非常に役立ちます。

　成功の循環モデルには、「グッドサイクル」と「バッドサイクル」の2つのサイクルがあり、「バッドサイクル」の場合には次のような

成功の循環モデル

出所：マサチューセッツ工科大学 ダニエル・キム教授の提唱モデル

負の無限ループに陥ります。

◆成果・業績が上がらない（結果の質）

◆対立が生まれ、押し付け、命令・指示が増える（関係の質）

◆創造的思考がなくなる、ただ受け身で聞くだけ（思考の質）

◆自発的・積極的に行動しなくなる（行動の質）

◆ますます成果が上がらない（結果の質）

◆関係性がより悪化する、なすり合い、自己防衛に走る（関係の質）

　一方、「グッドサイクル」では、「関係の質」を重視した組織マネジメントをしていくことになります。人間関係の質が高まると、会話や対話を通じてアイデアが生まれ、それにともなって行動の質が高まり、結果の質につながっていくことがわかります。

◆お互いに尊重し、結果を認め、一緒に考える（関係の質）

◆気づきがあり、共有され、当事者意識をもつ（思考の質）

◆自分で考え、自発的・積極的に行動する（行動の質）

◆成果が得られる（結果の質）

◆信頼関係が高まる（関係の質）

◆もっとよいアイデアが生まれる（思考の質）

　成功の循環モデルの特徴は、「関係の質」を重視し、人の関係性にフォーカスしている点にあります。結果を出す（結果の質を高める）ためにも他人との協力が不可欠であり、思考の質を高めるためにも他者とアイデアをぶつけ合う機会は重要です。具体的な行動をとろうとする場合でも、第三者からのアドバイスは有益です。他の３つの質を高めていくうえでも、良好な人間関係がその前提となります。

　他者との信頼関係なくして、大きな仕事は成し遂げられません。つまり、個人の力でできる範囲には、どこかで限界がきますので、上司・部下間やメンバー間で「関係の質」にフォーカスできていれば、

その延長線上にパワハラのない職場づくりが実現できるのです。

「関係の質」には、次の５つのレベルがあるといわれています。

◆レベル１：必要最低限…他部署の社員であると知っている、よく行くコンビニの店員であると知っている、といった必要最低限の関係

◆レベル２：属性・個性を知り合う…一緒に仕事をしたり話をしたことがある、名前やお互いの趣味を知っているといった関係性の段階

◆レベル３：考えを共有する…仕事をする意味をお互いに理解している、依頼された仕事の意味合いを理解できているレベルの関係性

◆レベル４：目的を共有する…仕事上の目的やビジョンをお互いに理解している、目的達成のために忌憚なく話し合える関係になっている

◆レベル５：価値観が同化する…お互いの価値観をよく理解していたり、相手のとった行動の意味合いをよく理解できているレベル感

レベル１から５へとステップアップさせていくことが理想です。目的を共有することも大事ですが、さらに関係の質を高めるには、価値観の同化が必要となります。

②関係の質を引き下げ、パワハラを誘発する要因

一方、関係の質を引き下げてしまう要因もあります。それが「非難」「侮辱」「自己防衛」「逃避」です。これらがパワハラを誘発する要因となることもありますから、気をつけてください。

ここでいう「非難」は、相手の性格・人格・能力を直接的に傷つける言葉を発することです。部下が業務上の失敗をした場合に、「だからおまえは無能なんだ！」「どんな育てられ方をすればこんな人間になるんだ！」などと言ってしまうことは、関係性を壊す以前に、パワハラに該当する発言と判断されます。当該本人の行動や、そこに至るプロセスまでは叱ったとしても、その先にある人格まで非難すると、一気に関係性は崩壊します。このような場面では、特に部下が仕事で

失敗したり、過失を犯してしまったりした場合など、ついカッとなって言動に表われることがありますから、十分注意が必要です。

「侮辱」は、相手を見下したり、無礼な態度をとったり、軽視したり、敵意のある噂を流して攻撃する言葉です。非難ほど直接的・意図的ではないにせよ、無礼な言動や、人を見下す態度を示すことは、本人も気づかぬうちに関係性を崩壊させていることがあります。とりわけ、そのことに本人が気づいていない場合はやっかいです。本人としては問題があるとは思っていなくても、社会人としていかがなものか、という言動はよく見受けられます。

「自己防衛」は、何らかの理由で起きてしまった原因を自分から逸らすような言動をとることです。「他責に帰する」と言い換えてもいいでしょう。失敗の原因やできなかった理由を、他人や何かのせいにすることです。一般に物事を他責にしてしまう人は、問題の原因を他人や他部署に転嫁し、「自分は悪くない」というような態度を示します。自己防衛をされると、そんな態度をとられた相手は気分を害してしまい、関係の質が著しく劣化してしまうのです。

「逃避」は、他人とのかかわりに心を閉ざし、非協力的な態度をとることです。上司から非難され、それによって上司との関係性が壊れると、上司を避ける行動をとったり、上司からの叱責を黙ってやり過ごそうとしたりします。これは逆の場合もあり、部下に何度指導してもまったく成果がなく、本人のやる気も感じないと、上司の側がその部下に対して逃避する行動をとるようになります。いずれも、上司・部下間の関係性は完全に崩壊しており、当人同士での修復はむずかしいので、第三者（たとえば当該上司のさらに上の上司）が仲介し、お互いの言い分をよく聞き、相容れないところを確認し合って関係性を修復するなどが必要とされます。

5
コミュニケーションの極意を
身につける

①マネジメントスキルとしてのコミュニケーションスキル

　こうみてくると、あらためてコミュニケーションの大切さに気づか
されます。いまや多くの企業が人材採用の際にもっとも重視する項目
として、コミュニケーション能力をあげる時代になりました。また、
世界No.1コーチと称されるアンソニー・ロビンズも、「人生の質は、
コミュニケーションの質である」と言っています。

　コミュニケーションの大切さは、ずいぶん前から指摘されてきたこ
とであり、いまさら強調するまでもありません。しかし、マネジメン
トスキルの一環としてのコミュニケーションスキルが、職場を預かる
上司に不足していることが今日の一つの大きな課題となっていて、パ
ワハラを惹起させてしまう職場では、コミュニケーション下手の上司
の存在が大きな影を落としています。

　加えて、「令和」の時代を迎えた今日でも、「昭和型マネジメント」
の上司が存在します。そのような上司が、時として「パワハラ上司」
に変貌するのです。

　昭和型マネジメントの特徴は次のとおりです。

◆部下よりも自分のほうが「遥かに偉い」と考えている

◆上意下達のマネジメントで、仕事の意味を伝えない

◆「気合い」や「根性」といった精神論を振りかざす

◆二言目には「俺の若い頃は…」と昔話をよく語る

◆すぐに「飲みにいくぞ！」と部下を誘う

◆長時間労働を「美徳」と考える

◆仕事に対してやたらと厳しく、部下をめったに褒めない

◆自分自身の成功体験や過去の栄光にすがりつく

　ネット社会の普及もあって、人々のコミュニケーション能力が衰えてきているとは、よく指摘されるところです。確かに、コミュニケーション不足による弊害が、あちこちで見受けられるようになりました。パワハラ被害増加の原因の一端は、このコミュニケーション不足にあるといっても過言ではありません。

②日常のコミュニケーションでの気遣い

　パワハラのない職場づくりを実現するためには、日頃のコミュニケーションの中で、ちょっとした気遣いを積み重ねていくことが重要です。そのためには、以下のような点に留意したいものです。

　①メールやLINEを過信しない

　メールは、仕事上の伝達事項を伝えるためには手軽で便利なツールですが、発信者の感情や細かなニュアンスを伝えるためには不十分です。最近、市民権を得てきたLINEも、文字数の少なさゆえに十分とはいえません。複雑さをともなう業務命令や部下指導は、やはり対面で行ない、自分の意図が部下に正しく伝わっているか確認します。

　②部下のやる気に火をつける伝え方を工夫する

　部下をやる気にさせるには、どんな伝え方が有効か、個別の部下のタイプを注意深く観察して、対処法を工夫することが求められます。価値観が多様化している現代では、かつてのように、すべての部下に一律に同じような伝え方をしても、部下のやる気に火をつけることにはなりません。部下のやる気のスイッチを入れるためにはどのような方法が有効か、それぞれの部下に対する伝え方を日頃からよく考えておくことが必要です。

③自分の態度や表情をチェックする

　自分がまわりからどのようにみられているか、自身の態度や表情を時には鏡に映してチェックすることも大切です。常に自分を客体化して、われとわが身を振り返るスタンスが求められます。

④仕事の指示は明確に

　上司・部下間のミスコミュニケーションは、仕事の指示が不明瞭である場合に生じます。概括的な指示で理解できる部下であれば問題ありませんが、そうでない場合には、指示の内容は明瞭かつ具体的にしていく必要があります。

⑤部下の成長ステージに応じた指導方法を選択する

　部下の成長ステージは、みな異なります。それぞれの成長ステージに応じた指導方法を選択する必要が出てきます。一般的には、部下の指導方法としてコーチングが有効といわれますが、自分自身で考える習慣や自分自身で答えをもっていない部下に対しては、コーチングは

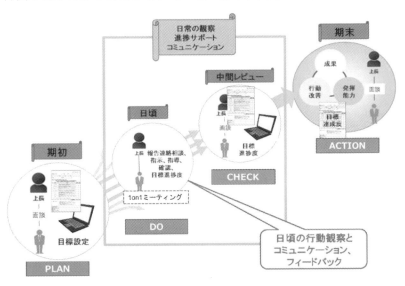

機能しません。その場合には、基本に立ち返って、ティーチング（教える）という行為が重要となります。

⑥「声かけ」を励行する

相手の存在を気にかけているということを明確なメッセージとして伝える場合に有効なのが「声かけ」です。「最近、調子はどう？」と声をかけることで、部下は、「この上司は、自分の存在を気にかけてくれている」と受けとめます。

⑦「傾聴」のスタンスをとる

日頃のコミュニケーションの中で意外にできていないのが「傾聴」のスタンスです。特に上司・部下間のコミュニケーションの場合、往々にして一方的に喋っているのは上司で、部下は聞き役に徹するだけというケースがしばしば見受けられます。上司は部下の話に聴く耳をもち、聴いた内容について「質問する」というスタンスが重要です。

⑧仕事ぶりを「承認」する

同様に、あまり励行されていないのが「承認」です。特に厳しい上司の場合には、厳格に部下を指導することはあっても、仕事ぶりや仕事の成果を「認める」という行為が足りないケースが出てきます。承認欲求という言葉がありますが、人は認められることを欲しています。「認められたい」と思う相手の心に訴求する対応が必要です。

⑨叱った後には必ずフォローする

業務上の不用意なミスや失敗を受けて、上司としては立場上、部下を叱責することもあるでしょう。そんな場合には、叱責した理由や根拠をきちんと説明し、説得することも求められます。また、「褒めるときは人前で、叱るときには別室で」といわれるように、叱責する場合は時と場所に配慮することも大事です。そして、叱った後には必ず

フォローを入れ、声かけをしたり、親身に部下のことを考えているという態度を示します。

⑩「ちょっと変だな」と感じる兆候を見逃さない

最後に、「何かちょっと変だな」と感知したら、部下の心身の健康状態をチェックすることも重要です。パワハラに限らず、さまざまな要因で心身の不調を感じている部下もいます。それらの兆候を見逃さずに対処できるのも、良質なコミュニケーションが成立している職場といえます。

これらの前提がうまく機能すれば、日常レベルでのコミュニケーションが円滑に成立します。

6
パワハラを誘発させない
リーダーの条件

①上司に必要とされる3つのスキル

　パワハラを誘発させないリーダー（職場上司）に求められる条件とは何でしょうか。有名なカッツ・モデルで考えてみましょう。

　カッツ・モデルとは、ロバート・L・カッツ ハーバード大学教授により発表されたビジネススキルに関する構造モデルです。1955年に提唱されたものですが、その考え方はいまでも十分役立ちます。カッツ・モデルは、3つのスキルから構成されています。

　①テクニカルスキル（Technical Skill）

　担当業務を遂行するうえで必要とされる実務知識や専門スキルです。仕事をするうえで必要とされる必須のスキルです。

トップマネジメント	ミドルマネジメント	ロワーマネジメント
Management Skill (Conceptual Skill) ・経営運営能力 ・戦略／戦術／企画 ・ビジネスプラン	**Human Skill** 上司・部下とのコミュニケーション 顧客とのコミュニケーション	顧客とのコミュニケーション 上司・部下とのコミュニケーション
経営者とのコミュニケーション 部下とのコミュニケーション	**Technical Skill**	・PC ・コンプライアンス ・セールストーク ・商品知識 ・専門知識

②ヒューマンスキル（Human Skill）

　対人関係スキルのことで、同じ職場で働く上司・部下・同僚や顧客企業の関係者などと、よりよい人間関係を構築するためのコミュニケーションスキルなどが該当します。上司やマネジャーの立場であれば、チームビルディングのスキルなども含まれます。

③コンセプチュアルスキル（Conceptual Skill）

　コンセプトを創造する概念的なスキルです。会社の将来像を描いたり、周囲で起きている事象を構造化して、問題の本質を見極めたりするスキルです。上司やマネジャーの立場であれば、チームへの理念浸透や新しいルールを創出するスキルなども含まれます。

　これら必須スキルの中でも、職場を預かるリーダーや上司の場合には、とりわけヒューマンスキルが求められてきます。その中でも、特にその大宗を占めるコミュニケーションスキルの向上が重視される時代となりました。

②自らの思考の枠を広げ、人間の基本的欲求を理解する

　加えて、これからのリーダーは状況の変化に対して自らの「思考の枠」を広げる継続的な努力が求められてきます。ここでいう思考の枠とは、固定観念や思い込み、他人に対するレッテル貼りなどを指します。最近のパワハラ防止法制化の動きもそのトレンドのひとつといえますが、職場環境は刻々変化しています。それらに柔軟に対応し、自らを省みて自己変革を実現できるリーダーが求められています。

　常にニュートラルな姿勢で物事を観察し、必要に応じて質問し、アドバイスやフィードバックを求める。そのような行動を続けることで、自ら気づいていない領域に気づき、虚心坦懐に改め、持続的な行動変革を進められるリーダーが理想とされます。

　時には、周囲からのフィードバックにも耳を傾ける必要が出てき

ます。最近では、人材アセスメントツールも進化してきており、HR
テックと呼ばれる領域も発展を遂げてきました。それは、職務と人材
の適合度を測定するツールであったり、周囲から当該本人への「気
づき」を促すための360度フィードバック・サーベイであったりしま
す。タレントマネジメントの領域においても、採用から人材の選抜、
評価、育成、サクセッションプラン（後継者育成計画）に至るまで、
一貫したタレントサイクルの中で処遇がはかられるようになりまし
た。最近では、このような流れに沿って、人事の領域でもテクノロ
ジーを活用していく時代となっています。

　しかし、職場でテクノロジーが発達しても、やはり組織は人に尽き
ます。リーダーたるもの、人間の基本的欲求を理解することは必須で
す。人間の基本的欲求の中でも、最近では「承認欲求」にスポットラ
イトが当たる機会が増えています。「自己実現欲求」ももちろん重要

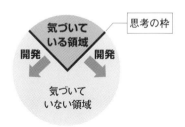

思考の枠とは？
思考のパターン・癖

（解釈、固定観念、思い込み、視点、他者に対するレッテル）
　・客観的ではなく、主観的
　・物事を決めつける
　・自分は正しい、他者が問題
　・好き／嫌い
　・賛成／反対
　・良い／悪い
　・異常なネガティブ、異常なポジティブ

ニュートラル
（客観的にみる）
対話・書く・質問・
アドバイス・フィードバック・
フィードフォワード・ツール

↓

気づいていない領域に気づく

↓

目的達成のための行動変革

↓

行動変革の習慣化・定着化

ですが、真善美や躍動、個性などに満たされている「自己実現」の状態は、基本的欲求（生理的欲求、安全と安定、所属、承認）が満たされて初めて達成されると解釈できます。その前段階にある「承認」に対する欲求に応えることが、パワハラのない健全な職場づくりに寄与するものと考えます。

③上司力を高める

　パワハラを誘発させない職場づくりのためには、部下や所属メンバーが自発的かつ積極的に活躍できる環境を整備することが必要です。しかしそれ以上に重要なのは、組織を束ねる「上司」の力です。「最高の上司」と呼ばれる人にはどんな条件が求められるのでしょうか。

　世界最高レベルの社員満足度を誇るGoogleでは、2009年初頭、社内で働く1万人以上の社員を対象に人事評価プログラム「プロジェクト・オキシジェン」（Project Oxygen）を開始しました。その調査結果から、チームの生産性を高める「最高の上司の条件」として、次の8つが導き出されました。

◆よきコーチであること
◆チームを後押しし、マイクロマネジメントはしないこと
◆チームメンバーの成功やよい生活に対し意欲的であると伝えること
◆生産的で結果重視であること
◆よきコミュニケーター、よき聞き手であること
◆メンバーのキャリア形成を助けること
◆はっきりとしたビジョンや戦略をもっていること
◆チームにアドバイスできるような専門的技術をもっていること

　この結果からは、社員満足度を高め各メンバーのパフォーマンスを最大限に引き出すためには、その組織をまとめる上司に「リーダー

シップ」だけでなく「フォロワーシップ」などの支援的能力も必要であることがわかります。このフォロワーシップに対する再認識がなされるようになったのも、昨今のトレンドといえるでしょう。

　上司は、サポート重視のチームビルディングを実践することで、チームの自発的な活動を促すことができるのです。

7
コーチングの基本を実践する

　昭和型マネジメントの最たるスタイルは「指示・命令型」です。これを、どのようなスタイルに変えるべきでしょうか。その大きなトレンドは、「コーチ型」あるいは「質問・提案型」へのシフトといえるでしょう。

　Googleの「プロジェクト・オキシジェン」での取り組み結果からも明らかなように、「最高の上司」に求められる条件の筆頭には、「よきコーチであること」があがっています。部下の「長所を伸ばし、本人の自発性を引き出す」指導方法が、ビジネス界では「コーチング」として定着をみるようになっています。コーチングの導入が促進された背景には、「若年層の就労観の変化」や「馴れ合い主義から契約主義へ」といった潮流があります。部下を預かるすべての上司にとって、いまやコーチングは身につけておくべき基本スキルとなっています。

　コーチングの基本は、上司が部下との良好な関係性のもと（関係の質）、1対1の立場で部下の気持ちに寄り添い（共感）、じっくりと部下の話に耳を傾け（傾聴）、必要に応じて質問をする、とされています。部下をそのまま受けとめる（承認）ことで、部下は安心して自分のおかれた立場や状況を振り返る環境がつくれます。このプロセスにおいて、部下はそれまで自覚していなかったことや新たな可能性に「気づき」、めざすべき目標やとるべき行動を自発的かつ主体的に選び取ることが可能となり、結果に結びつけられます（結果の質）。

ここで、少しコーチングの基本スキルを解説しておきましょう。

①「承認」のスキル

承認には2つの種類があります。「行為」に対する承認と「存在」に対する承認です。

「行為承認」は、何か成果を出したり、行動したときに具体的に承認することで、相手の意欲をいっそう高めることができます。たとえば、仕事に打ち込んでいる人に対して「頑張っているね！」と褒める、何かしてくれたら「ありがとう！」と感謝する、などです。一方、「存在承認」は、ただ、相手の存在自体がありがたいとあるがままの状態を認めるものです。部下は、自分の存在が認められたと感じ、働きがいを感じられるようになります。具体的には、挨拶をする、声かけをする、などの基本的な行動が該当します。

②「傾聴」のスキル

傾聴のスキルとは、ただ「よく聞けばよい」ということではなく、非常に「主体的・能動的な行為」です。傾聴のスキルにも、次のようなパターンがあります。

◆決めつけない…たとえ、長い間の関係であっても「相手のことを完全には理解していない」という前提で話を進める

◆言い換える…相手を理解するために、相手の言っていることを自分の言葉に置き換えて、自分の理解している状況を相手に知らせる

◆発言の背景を理解する…仕事上の関係においては、自分が本当に考えていること、感じていることをストレートに表現できないケースもありえる。発言の背景を推測・理解して真意に注意を払うことが必要

◆共感的理解…相手の感情に共感し、相手の立場に立って考えることで、スムーズにコミュニケーションを進めることができる

なお、共感的理解には、「相手の立場に立って同じ感情を共有する」（第1段階）と「共感した感情を第三者として分析・吟味する」（第2段階）の2つの段階があります。

　このように傾聴のスキルは、自分のために「聞く」のではなく相手のために「聴く」積極的なスキルといえます。

　③「質問」のスキル

　質問のスキルには、大きく2つのパターンがあります。答えが「はい／いいえ」（Yes／No）で特定されたり、あらかじめ決まった正解を問う質問（クローズド・クエスチョン：限定質問）と、相手の考え方を尋ねる質問（オープン・クエスチョン：拡大質問）です。

　クローズド・クエスチョンは、状況把握・理解や意思、いつまでに何をするかを確認するためにする質問です。質問例としては、「体調は大丈夫？」「悩み事はありますか？」「今月の受注の進捗は順調？」「企画書は予定どおり提出できる？」などであるのに対し、オープン・クエスチョンは、将来のイメージを膨らませ、想像力・可能性を広げて、実行を高めるためにする質問です。「元気がないようにみえるけど、体調はどんな感じ？」「今月の受注の進捗は、何パーセントまでできていますか？」「企画書はいつ提出したいと考えていますか？」などが質問例としてあげられます。

　次のような質問は、相手を思考停止に追い込む悪い質問例です。パワハラ発言とも受け取られかねないので、くれぐれも注意します。

◆なぜ、こんなことができないんだ

◆だれの責任だと思っているんだ

◆こんなことになって、何も感じないのか

◆そんなことをしたって、何の意味がある

◆何を考えているんだ

④「フィードバック」のスキル

相手の言動などに関して、見えたこと、聞こえたこと、感じたことを、ポジティブなこともネガティブなことも、そのまま伝えるのが、フィードバックです。相手が現状を客観的に把握し、向き合うことを支援します。したがって、「成果と行動をバランスよく」「具体的な事実によって」「人材育成の愛情をもって」行なってください。

加えて、近年の脳科学（ニューロ・サイエンス）の発展とその成果のマネジメント領域への応用の進展も見過ごすことはできません。そこでは、行動の結果に対するフィードバックが効率的な学習につながり、パフォーマンスにつながる行動が定着するためには、行動とフィードバックの間の時間が長すぎると効果がないことがわかってきました。そのようなところから最近では、気がついたらその場ですぐフィードバックする「リアルタイム・フィードバック」が推奨されるようになってきています。

⑤「フィードフォワード」のスキル

フィードバックが、過去から現在に至る時点で、相手の行動や発言、考え方に対して自分の感じたことを率直に伝えることに対して、フィードフォワードは、未来に向けて、相手の目的の達成に役立ちそうなアドバイスを伝えるものです。

結果から軌道修正を行なうフィードバックとは異なり、解決策に焦点を当てた未来を見据えた指導やアドバイスを重視します。そのため、部下やチームメンバーへの批判的なアドバイスの抑制、前向きな姿勢・自主性の育成およびトレーニング等に効果的といわれ、近年注目されつつあります。また、助け合いの精神でチーム全体で取り組まれることから、組織のコミュニケーションの円滑化や結束力の強化、客観性の担保にも効果的といわれています。

8
状況対応型リーダーになる

①リーダーシップのアプローチを工夫する

　「状況対応型リーダーシップ」（Situational Leadership）というリーダーシップ理論があります。SL理論とも呼ばれています。

　これまでの職場で実際に見受けられた上司のリーダーシップ・スタイルは、どんな部下であろうと、自分の流儀に合わせた画一的・一律的なものが多かったと思います。しかし、状況対応型リーダーシップの場合には、数多あるリーダーシップ理論の中でも、「おかれた状況が異なれば、求められるリーダーシップのスタイルも変わる」という考え方に基づいています。つまり、「部下の成長度や成熟度の違いが、リーダーのとるべき行動を規定する」ということです。ポール・ハーシィとケン・ブランチャードが1977年に提唱した理論ですが、い

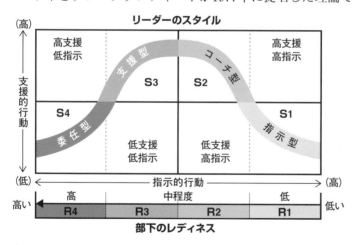

ままた着目されています。

　状況対応型リーダーシップの理論を簡単に説明すると、あるタスク（業務）に対する部下のレディネス（成熟度）を、「遂行能力」（コンピテンス）と「達成意欲」（コミットメント）の２軸からなる４つの象限にマトリックス化します。そして、それぞれの分類に適合したリーダーシップのアプローチを工夫するのです。

②部下の能力と意欲の程度に合わせる

　多くの場合、リーダーは、自分が得意のリーダーシップ・スタイルをとりがちですが、部下の状況に合わせたスタイルを選択することで、部下のパフォーマンスの向上に寄与できるようになります。

　たとえば、以下のようなそれぞれの部下の成熟度を前提に考えると、それぞれの部下に対する対応の仕方も変わってきます。

　①S1-R1レベル：新人・その任務が初めての人の場合

　「指示型」コミュニケーション。指示・指導を中心にして相手の未知からくる不安を解放してあげることが重要です。

　②S2-R2レベル：中級レベル・ある程度できる人の場合

　「コーチ型」コミュニケーション。指示・指導は欠かせないが、仕事ができるようになったときや成果を上げたときには必ず褒めること。また、失敗したときはすぐに注意・指導することが必要です。

　③S3-R3レベル：中上級レベル・かなりできる人

　「支援型」コミュニケーション。指示を少なくして仕事を任せること。うまくいかなかったり、わからなかったりするところのみ指示・指導し、相手に考えさせることが重要です。

　④S4-R4レベル：上級レベル・自分のサブの人

　「委任型」コミュニケーション。完全に仕事を任せ、指示・指導はしないこと。むずかしい状況や失敗も自分で解決させること。簡単に

レディネス R4	レディネス R3	レディネス R2	レディネス R1
能力があり、意欲あるいは自信もある	能力はあるが、意欲あるいは自信がない	能力は低いが、意欲あるいは自信がある	能力が低く、意欲あるいは自信もない
S4 低支援・低指示	**S3** 高支援・低指示	**S2** 高支援・高指示	**S1** 低支援・高指示
1.後輩・部下の育成を考えさせる 2.部下のキャリアパスを確認し、一段上のキャリアの準備をする	1.それまでのプロセスと進歩をさらに強化する 2.自信や自尊心を強化する 3.励まし、精神的に支え、やる気をもたせ自信を強化させる	1.パフォーマンス改善のための方法を話し合う 2.最善の行動方針について合意を形成する 3.手引き、説得、説明、訓練を行なう	1.行動方針を提示する 2.最善の行動方針を確定する 3.情報を与え、説明し、指導し、指示を行なう
Delegation	Coaching	Coaching or Teaching or Micro-Management	Teaching or Micro-Management

S＝スタイル

出所：マーシャル・ゴールドスミスほか著『リーダーシップ・マスター』をもとに作成

褒めたり叱ったりしないことが重要です。

　部下やメンバーの成長段階はさまざまであり、キャリア開発のステージに差しかかっている者もいます。それぞれの状況に応じた対応をきめ細かく行なうことが、これからは求められます。

　また、このような対応をそれぞれの部下が担当しているタスク（業務）別にも考えることが必要です。担当している個別の業務によっては、部下の成熟度にも違いがみられ、対応方法を変える必要があるからです。リーダーシップ研修やコーチング研修の際に、特定の部下を想定したタスク別の検討をワークとして実施する場合もあります。

③コーチングやティーチングを使い分ける

　部下やメンバーの成熟度に応じて、上司の対応の仕方を変えるにあたっては、個別具体的に対応していくための一定のスキルが求められ

	コーチング	ティーチング	フィードバック
上司の働きかけ	引き出す	教える	伝える
部下のめざす姿	自分の考えや想いに気づく	自分にない知識を得る	自分がどう見えているかを知る
求められるスキル	質問する力	指導する力	伝える力
ベーシックスキル	観察力、傾聴力、承認力		

出所：本間浩輔著『ヤフーの1on1』115頁

　ます。たとえばコーチングの基本は、「答えは相手の中にある」ということで、まず質問から入ります。しかし、あらかじめ答えをもっていない部下やメンバーに対しては、いくら質問しても答えは返ってきません。コーチングが機能しない場合には、前述のケースではS1-R1レベルなので、ティーチング（教える）のスキルが求められます。

　このように、部下の状況に応じて求められるスキルの使い分けができるよう、上司はトレーニングを積む必要があります。最近では、人事のパーソナライゼーション（個別化・個性化）がいわれるようになりました。上司も、多様な部下の個々の状況に対応できるリーダーとなり、個別具体的な指導・支援ができるよう、日頃から備えておく必要が出てきているのです。

9
心理的安全性を確保する

①チームを成功に導く5つの要素

　日本企業で一時期、成果主義が流行った時代には、「目標に掲げていない仕事を頼んでも、やらない部下が増えてきた」「それは私の仕事ですか、と真顔で質問してくる社員が出てきた」などが話題になるなど、担当業務以外は協力しなくなるという現象が起きました。その結果、成果主義の見直しや揺り戻しがあって、個人の成果ではなく、チームの成果や組織の成果を上げるためにどうするかの観点から成果主義も見直され、変遷を経て今日に至っています。

　職場における過度な競争環境は、パワハラを助長するとの観点からも決して望ましいことではありません。最近では、「いま、ここ」を象徴するキーワードとして「心理的安全性」（Psychological Safety）という言葉をよく耳にするようになりました。

　もともと、チームの心理的安全性について提唱したのは、ハーバードビジネススクールの組織行動学者エイミー・C・エドモンドソン教授です。1999年の論文において、チームの心理的安全性を「対人関係上のリスクをとっても安全であるという、チームメンバーに共有された思い」と定義しています。

　しかし、昨今のように心理的安全性が人口に膾炙されるようになったのは、Googleが2012年に開始した社内プロジェクト「プロジェクト・アリストテレス」で、「生産性を高める唯一の方法は、リーダーシップでもチームの編成方法でもチーム内のルール決めでもなく、心

理的安全性である」と結論づけたことにあります。このあたりから、心理的安全性という言葉が独り歩きするようになりました。確かに、人はだれでも、心理的安全性が担保できるような組織や職場で働きたいと思います。心理的安全性がなければ、少しむずかしいことをやろうと思っても、リスクをとって仕事に取り組もうとする気も起きません。

そこで求められるのが、「こんなことを言ったら職場の同僚から馬鹿にされないだろうか」「上司から叱られないだろうか」といった不安をチームのメンバーから払拭すること、「仕事用の自分」を演じるのではなく「本来の自分」でいられることです。つまり、心理的安全性とは、チームのメンバーがそれぞれ不安を抱えることなく、自分の考えを自由に発言できたり、行動に移したりできる状態のことであり、それは言い換えると「安心して働ける職場づくり」となります。

プロジェクト・アリストテレスの報告では、チームを成功へと導く鍵を５つあげ、「心理的安全性はその他の４つの力を支える土台であり、チームの成功にもっとも重要な要素である」と語られています。

◆心理的安全性…不安を感じることなくリスクある行動がとれるか

◆相互信頼…互いに信頼して仕事を任せ合えるか

◆構造と明瞭さ…チーム目標や役割分担、実行計画は明瞭か

◆仕事の意味…各メンバーが与えられた役割に意味を見出せるか

◆仕事のインパクト…自分の仕事が組織や社会に対して影響力をもっていると感じられるか

②心理的安全性が高いチームの特徴

一方、心理的安全性が不足していると、どのような状況に陥るのでしょうか。心理的安全性が担保されていない職場では、多くの社員が本当の自分を偽りながら働くことになるので、本来もっている力を発

揮できない、信頼関係を築けない、イノベーションが生まれないなどの状態に陥り、結果的にチームのパフォーマンスにもネガティブな影響をもたらしてしまいます。心理的安全性の確保によって、メンバーは本来の自分を偽ることなく「ありのままの自分」でいられるようになるのです。Googleの調査では、心理的安全性が高いチームの特徴として以下をあげています。

①情報共有の土台ができる

自分の発言が否定されるという不安がなくなるので、安心して意見が言えるようになります。わからないことを確認できたり、ミスなどネガティブな問題が発生しても、隠さずすぐに上司に報告できたり、相談できることで、損失を最低限に抑えられ、メンバーみなで課題解決に取り組む土壌ができてきます。

②新たなイノベーションが創出される

情報共有の土台ができれば、チームで協力し合う関係性が生まれるため、コミュニケーションが活性化します。アイデアが活発に交換され、新たなイノベーションにもつながります。結果として、チーム全体の学習も促進されます。

③社員エンゲージメントの向上に寄与する

日本企業のエンゲージメント（仕事への熱意度）の低さが取りざたされたのは、2017年、アメリカ・ギャラップ社のエンゲージメント・サーベイの結果を受けてのことでした。アメリカの「熱意あふれる社員」が31％だったのに対して日本は6％で、調査対象国139ヵ国中132位でした。このあたりから、日本企業の間でもエンゲージメント・スコアの改善に関心をもつ企業が増えてきたという経緯があります。

しかし、もしこれらの環境が整えば、メンバーそれぞれが仕事にやりがいを感じ、前向きに取り組む状況が増えてきます。モチベーショ

ンも高まり、結果的に社員のエンゲージメントの向上を通じたチーム全体のパフォーマンスの向上も期待できます。

　心理的安全性が担保されることで、このような効果が表われ、結果的に 生産性の大幅な向上や離職率の低下に寄与します。個人レベルのコミュニケーションも円滑になり、やってはいけないことを「やってはいけない」と発言できるため、パワハラのリスクを減らすことにも寄与します。また、仕事に対してより責任感や関心が生まれ、積極的に業務に取り組んでもらいやすくなります。

　心理的安全性を測定する手法として、エドモンドソン教授が提唱した7つの質問は、以下のとおりです。

◆チーム内でミスをすると、たいてい非難されるか

◆チーム内のメンバー間では課題やネガティブな問題も指摘し合えるか

◆チーム内では、自分と異なるものは否定される傾向にあるか

◆チームに対して、リスクのある行動をとっても大丈夫だと思えるか

◆チームの他のメンバーに助けを求めることはむずかしいか

◆チーム内のメンバーには、自分の仕事を意図的に貶めようとする人はいないか

◆このチームで働くことで、自分のスキルと才能が発揮され活かされていると感じるか

　これらのうち、ポジティブな質問に対して「あてはまる」傾向の回答が多い場合には「心理的安全性の高いチーム」、逆にネガティブな質問に「あてはまる」傾向の回答が多いと「心理的安全性の低いチーム」だと判断できます。

10
1on1ミーティングを活用する

①部下の気づきを促すことで能力を引き出す

　パワハラも、基本的には、上司・部下間の関係性の良否に起因する
ものといえます。この関係性をよりよいものとするために、多くの企
業が取り組んでいるものに1on1ミーティングがあります。

　実際に1on1は現在、ブーム的様相を呈しています。多くの企業
で1on1ミーティングや1on1面談、1on1マネジメントなどの名
目で、上司と部下の間で頻繁なコミュニケーションをとる機会を推奨
する動きが顕著に生じています。

　革新的なベンチャー企業や世界的に有名な企業が本社を構えるアメ
リカ・シリコンバレーでも、上司と部下とのコミュニケーションの際
に、1on1というカルチャーが当たり前になっているなどと紹介さ
れたことも、このトレンドにいっそう拍車をかける結果となりまし
た。

　1on1とは、上司と部下が日々の業務での成果や失敗について話
し合い、部下に気づきを促すことで個人の能力を引き出すために行な
われる1対1のミーティングです。上司と部下の間での関係性の構築
を基礎として、社内コミュニケーションの活性化をはかり、部下の成
長支援に資する効果が期待されています。「部下のための良質な時間
をつくる」、それが1on1です。

　1on1が必要とされている背景には、まず、現在が「VUCA」
と呼ばれる時代だからということがあげられます。VUCAとは、

Volatility（変動性・不安定さ）、Uncertainty（不確実性・不確定さ）、Complexity（複雑性）、Ambiguity（曖昧性・不明確さ）の頭文字をとった言葉で、混沌とした現代社会を表わしています。

　急速かつ不確実な市場の変化が起こっている昨今では、これまでの経験や物差しが通用しないことが多々あります。そもそも正解がないため、いくら上司であっても解をもちえないことが多くなってきました。また、現在ではインターネット上にあらゆる情報が存在しているため、これまでは人が教えてきた知識も検索すれば簡単に調べられるので、上司が部下に教えられることは減ってきています。むしろ、子どもの頃からインターネットに慣れ親しんできた「デジタル・ネイティブ」と呼ばれる若手世代のほうが、情報収集には長けている場合もあります。

　世代論的にいえば、ミレニアル世代では「自分本来の姿を否定されること」や「厳しい環境で耐える」という考えに賛同する人は少数派です。短所に目を向けるのではなく長所を伸ばし、自分の好きなことや好きな環境で働きたいという価値観へと変化していることも、1 on 1 が浸透している要因としてあげられるでしょう。

　それは、企業人事の世界にも顕著に表われてきています。これまでの人事評価は、社員をレイティング（評価段階付け）やランキング（相対評価）することで、心理的に社員同士の競争を煽り、個人主義を助長してきたきらいがありました。しかし、昨今のように、知識労働者が組織の枠を超えてコラボレーションしながらイノベーションを創発していく時代には、このようなやり方には自ずと限界が出てきています。

　これまでの面談におけるコミュニケーションは、仕事上の成果や結果を出すための「情報交換」でした。しかしこれからは、個人に

フォーカスした「未来への対話」へと変わっていきます。部下に対して、環境変化により臨機応変に対応するよう促すため、一人ひとりが何をしているか、現在のモチベーション・レベルはどうなのかを把握するために、コミュニケーションの量を増やす必要が出てくるのです。

②関係性構築のステージを基本に成長支援のステージへ

1 on 1 ミーティングには 2 つのステージがあり、7 つのテーマがあげられます。部下との対話においては、それらを部下の状況に応じて使い分けることになります。話し合う内容の代表的なテーマは、「成長支援ステージ」に記載されている「戦略・方針の伝達」「業務・組織課題の改善」「目標設定・人事評価」「能力・キャリア開発支援」です。これは、その都度の 1 on 1 のテーマにより、適宜選定することになります。

時には、会社側の戦略や方針の部下への伝達がメイン・テーマでミーティングを実施することもあれば、業務・組織課題の改善に関し

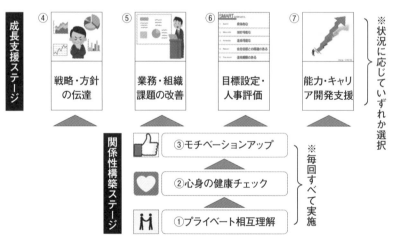

出所：世古詞一著『シリコンバレー式最強の育て方』をもとに作成

て職場で見直すべき課題に関する話し合いもあります。目標設定や人事評価について話し合うための面談やミーティングもあるでしょう。部下の立場からは、能力開発やキャリア開発支援が重要なテーマとなって、このテーマで話し合いをもつ機会も最近では増えてきています。

　しかし、これらのテーマよりも重要なものが、「関係性構築ステージ」に位置づけられている「プライベート相互理解」「心身の健康チェック」「モチベーションアップ」です。上司・部下間での良好な関係性ができていないと、部下のほうから「あなたとは、特に話すことはありません」と言われてしまい、1on1が成立しなくなる場合もあります。良好な人間関係というのは、ベースとしての信頼関係ですから、上司と部下の間で一定の信頼関係がないと、それ以上の対話やミーティングは成り立ちません。

　そのためにも、お互いのことをよく理解し合えるプライベート相互理解が重要です。しかし、上司の立場からすると、プライベート相互理解もちょっと微妙です。何ら配慮もなく部下のプライバシーに土足で足を踏み入れるような言動をしてしまうと、「パワハラだ！」との誹りを受ける可能性もあるからです。したがって、このあたりは常識の範囲内でということになります。それでも、お互いをよく理解することは、重要なことです。

　心身の健康状態には、体の健康状態もありますが、最近の統計データをみると、メンタルに問題を抱える部下の数が右肩上がりに増えている状況です。心身の健康状態がどうなっているか、ミーティングを通じてチェックを入れることも大切です。最近、ふさぎ込みの傾向が強いなど、ミーティングや面談を頻繁に実施する中で、いろいろとみえてくるものもあります。

また、上司として、部下のモチベーション・レベルに配慮することも重要です。かつてなら、「飲みに行くぞ！」と連れていけば喜んで仕事をする部下もいましたが、いまは、１on１で一人ひとりの状況に応じたマネジメントが求められます。そうなると、個々の状況をみて、部下のやる気のスイッチをONにするためには、それぞれ何が重要かを見極める必要が出てくるのです。

　１on１ミーティングとこれまでの面談の違いは、図に示すとおりです。これからの上司は、時に組織のミッション・ビジョンについて語り合い、部下の熱意と主体性を組織の方向性にマッチさせたり、試行錯誤を促して失敗から積極的に学ぶ姿勢を引き出し、適切なフィードバックとフィードフォワードを与えることが求められてきます。それは、スポーツ選手が最大限のパフォーマンスを発揮できるようサポートする、コーチやチアリーダー的な役割といえるでしょう。

　そのためにも、１on１を組織の共通言語として実践していくことに、大きな意義があるのです。

一般的な面談	1on1ミーティング
半期に一度や、よほどのことが起こったときに行なう	定期的に（1週間に1度など）行なう
上司の考えを伝える	部下の考えをどんどん話す
上司が指示をする	部下が自ら考え、行動を決める
上司が進捗の遅れについて、詰める	部下の頭の中が整理され、やるべきことが明確になる
上司が業績評価を伝える	上司が感じたことをフィードバックする
課題を解決する	課題を発見する
部下が自信を失う	部下のやる気や情熱が湧いてくる
緊張感・プレッシャーがある	揺るぎない信頼関係が醸成される
雑なイメージ	クオリティ・タイム（部下にとって上質な時間）

第3章
相談対応のポイント

1
パワハラ被害者にみられる言動

　「なんでもパワーハラスメント（以下パワハラ）と言われてしま
う。やりにくい時代になった」と軽く考えている経営者や管理者は、
まだ多いかもしれません。しかし、パワハラは業務と無関係の力の誇
示であり、「パワハラ行為は行なってはならない」ことが法律にも明
記されたことを十分に認識する必要があります。

①パワハラ被害の兆候を見逃さない

　パワハラを原因とするダメージによってメンタルクリニックに通う
人が適応障害と診断されることは少なくありません。適応障害とは、
ストレス因により引き起こされた情緒面や行動面の症状で、社会的機
能が著しく障害された状態をいいます。発症はストレスフルな出来事
が生じて1ヵ月以内と考えられています。ストレス因を取り除けば、
適応障害は改善の方向に進んでいきますが、ストレス因が放置される
と、さらに深刻な状態になりますので、パワハラへの対応に時間がか
かってしまうことは避けなければなりません。パワハラの発生から2
〜3ヵ月以内に解決する、もしくは解決への見通しをつけることが何
よりも重要です。

　そのためにも、部下をもつ人は常に部下の言動に注意を払い、パワ
ハラ被害を見逃さないこと、早い段階でその兆候をみつけられるよう
にしてください。たとえば以下のような行動は、パワハラを受けた人
に特徴的な言動といわれています。

◆家族から、「本人に急激な落ち込みがみられる」「上司から言われた

言葉が頭から離れないと訴えている」という相談があった

◆感情の起伏が激しくなり、これまでにない言動がみられる。少しのことで泣く、怒る、どうにでもなれといった態度をみせる

◆昼食をこれまでは同僚と一緒にとっていたのが、まったく食べなくなった。本人は、「家にいるときは食べられる」と言う

◆絶望感や無力感を口にし、「死にたい」と訴える

◆「自分はこの会社に必要ない人間だから、どこかに消えてしまいたい」と言う

◆不眠、生活の乱れ、過食、飲酒・喫煙の増加などがみられる

◆これまで仕事や趣味に取り組んできたのに、人が変わったように、すべてに対して興味・関心が低下している

　家族や同僚社員からこのような報告があった場合には、当事者の心身に何らかの異常が生じていると考えて間違いありません。

　これらの不調の原因としてパワハラが疑われる場合は、関係がこじれて問題が大きくなってしまうと、解決までに多大な時間を要することになります。企業の安全配慮義務、健康配慮義務の違反も問われますので早期対応が不可欠です。それは被害者を守るだけでなく、対応する相談窓口担当者や人事担当者を守るためにも大切なことです。

②ハラスメントを原因とする自殺も起こる

　厚生労働省の「過労死等の労災補償状況」（2016年度）をみると、20代の精神障害による労災認定が増加傾向にあります。労災認定された498人中107人（自殺や自殺未遂は22人）が20代です。主な原因は職場でのパワハラを含む、ひどい嫌がらせ、いじめ、暴行です。相談窓口担当者には若手社員の苦しみを理解し、救うための対応が求められます。

　2015年に起きた電通の女性新入社員の自殺は、違法な長時間労働が

要因のひとつとされましたが、電通がリリースした資料には「パワハラとの指摘も否定できない。行き過ぎた指導がなされたことを認識しております」と記されました。

③相談窓口には匿名相談も寄せられる

　ハラスメントの相談をするという行為が、どれほど大変なことかを十分理解してください。「うちの上司にはみんな苦しんでいる。自分は言いたくないけれど、だれかが窓口に通報してくれないかな」と思っている人はたくさんいます。当事者には、だれもなりたくないのです。それは、行為者とされる人とこの先も同じ会社で仕事を続けなければならないので、無理もありません。

　一般的に、上司のほうが部下より社歴が長く、社内での味方もたくさんいます。まわりの人が上司の味方をして、被害者のほうがオーバーに言っていると思われることもあります。行為者を守ろうとする動きが起こり、被害者が会社を辞めざるをえなくなった例もあります。

　パワハラを訴えることが、どれほどむずかしいかをよく理解したうえで、匿名での相談であっても何か手掛かりになる内容が得られるはずですから、放置せずに情報収集をします。相談窓口が動いていることが社内に広まれば、匿名で相談をした人にも伝わります。行為者とされる人には抑止力となることもあるでしょう。

　事実が確認できた場合には、事態の重大性に応じて断固とした措置をとることが必要です。

④時間が経ってからの相談もある

　ハラスメント相談では、時間をさかのぼって訴えてくるケースがあります。それは、今回の法制化によってさらに増えると思われます。

　たとえば5年前に現在の部署に異動したある女性は最近、メンタル

クリニックに通うようになり、前の部署で上司から受けた嫌がらせの
ダメージが残っていてフラッシュバック（再燃化）が起きると訴えま
した。会社の相談窓口がヒアリングした結果、そのときの上司や周囲
の人たちの対応にそれほど不適切なものは認められないことがわかり
ました。こういう場合には、調査結果を丁寧な言葉で説明しつつ、い
まの職場でうまくいくように対応することが肝心です。

　本人にとっては、それを解決しないと前に進めないという思いがあ
りますから、その気持ちをしっかりと受けとめ、これからも気持ちよ
く働き続けられる方向に進めていくことが望ましいでしょう。

⑤社外に訴える人も多い

　以前は、働く人の多くは、職場の人間関係で問題を抱えても我慢を
したり、身近な人に話すことで解決をするなどしていました。将来へ
の明るい見通しがあり、少し先の予測ができる時代だったため、あえ
て問題視しないことが得策だったと考えられます。

　しかし今日では、心のトラブルを抱え込むとすぐに心身の健康が悪
化するので、助けを求める信号を出すこともなく、いきなり社外に訴
えるなどの手段をとる傾向があります。

　また、これまでは何らかのハラスメントが発生してもマスコミ等で
報道されなければ、社会的に表面化することはほとんどありませんで
した。ところが、いまではだれもがソーシャル・メディアを使って発
信できる時代です。社員から不満や不祥事の情報が提供されることは
抑え込むことができるかもしれませんが、社員から相談を受けた第三
者からの発信までを抑制することは不可能です。ソーシャル・メディ
アの拡散力は高く、瞬く間に情報が広がっていきます。ネット上の情
報は消えないためほぼ永久に残り続けることを覚悟しなければなりま
せん。

2
パワハラの訴えを受けたときの 初動対応

　ハラスメントは起きないことが一番ですが、予防ができなかったとしても、問題が小さいうちに発見する、つまり「初動」で相談窓口担当者がしっかり対応すれば、関係がこじれることは回避できます。以下では、相談の「初動」において相手の信頼を得られる話し方を具体的に紹介しながら、問題解決に至るステップをたどっていきます。

　相談窓口におけるヒアリング（事実確認）の基本的な対応はカウンセリングの手法と同じであり、カウンセラー（相談窓口担当者）とクライアント（相談者）が相互信頼関係を構築することが不可欠です。そのためには相手を一人の人間として尊重することをもっとも重視します。

　相談窓口の担当者が相談者（被害者）との関係をつくっていく第一歩は、相談窓口担当者が自分の役割と権限をきちんと説明することです。社内相談窓口の場合、担当者と相談者がお互いを知っているケースもありますが、初対面の場合などは自己紹介も必要です。

　なお、相談窓口の担当者が知り合いだと、相談しづらくなることがあります。同様の理由から、本人の先輩や上司が相談にのることをすすめられない場合もあります。

①早急な結論づけをしない

　相談窓口担当者の中には、被害者が自身に起こった問題を拡大解釈して訴えていると思い込み、否定的な対応をとる人もいます。そのような態度が相手を刺激することもあり、そうなると問題がかえってこ

じれてきます。相談が少しオーバーではないかと思ったとしても、申立者の話は通常どおりに聴くことが必要です。相談窓口担当者が結論を急ぐと事態が深刻化することがありますので注意してください。

②事実関係だけでなく感情面も聴く

嫌がらせ発言は曖昧に表現されることもあります。「どういう言い方をされましたか？」と具体的な言葉を聞き出すことにウエートをおく相談窓口担当者をみかけます。事実確認は重要ですが、被害者が嫌がらせの言葉を浴びせられたときに抱いた感情を受けとめることも大切です。感情面を受けとめ損ねると、こじれる原因になります。

「本当にショックでした」と言われたとしたら、「そうだったのですね。どんなに辛かったかと思います」とショックの気持ちをしっかり受けとめます。それができれば、次のステップにつなげられます。

③窓口の対応は必ず職場に伝わる

被害者にも問題があるかの発言を相談窓口担当者がしてしまうと、相談した被害者は、二次被害やセカンド・ハラスメントを受けたと感じるかもしれません。そうすると、二度と相談はしてもらえません。さらに、相談窓口のマイナスのPRもされかねません。

相談窓口担当者の「初動」がその後の推移を大きく左右します。

④むずかしいケースでも匙を投げない

相談の中には、非常にむずかしそうに思えるケースも出てきます。だからといって、匙を投げたような発言をしてはいけません。相談者は救いを求めてきているわけですから、それを突き放してしまうと、心理的に大きなダメージを与えることになります。二次被害やセカンド・ハラスメント的に受けとめるかもしれません。

「むずかしい問題だと思いますが、一緒に考えて対応していきましょう」と、少しでも解決に近づける努力をすることを伝えます。

⑤チームとして対応する

　社内相談窓口の担当者だけでは解決できない問題もあります。産業医、コンプライアンス担当、社外相談窓口につなげる必要のあるケースも出てきます。被害者には、その点をきちんと理解してもらう必要があります。そこで、会社としての対応となること、対応チーム内では情報を共有することがある旨を伝えて、了承してもらいましょう。

　そのためには、特定のチーム内で秘密をお預かりするという意味で「チーム内守秘義務」のルールを決めておきます。

　了承してもらえない場合でも、緊急性が高い（たとええば自傷他害のおそれがあるなど）と判断したときは、産業医などのキーパーソンに伝えて相談者の安全を守るための措置をとることは可能です。

⑥相談窓口の対応は、物差しを一本にして公平性を保つ

　相談窓口が社員の人たちから信頼してもらうには、公平性を保つことが重要です。社内で評価の高いＡさんと、評価の低いＢさんで、相談時の対応に差があってはいけません。それは、行為者とされる側に対しても同じで、仕事のできる優秀な上司のＣさんへの処分は甘く、実績が普通の上司Ｄさんの処分は厳しくするなどは、論外です。

　公平性を保つには、相談の仕組みや対応法が統一されていることが必要です。組織の物差しを一本にすれば、「ヒアリングで逆パワハラを受けた」などと言われる可能性は減ってきます。

　また相談窓口担当者は、行為者の社内での評判やヒアリング中の態度などから、マイナスのイメージを抱くことがありますので、このような影響があることを認識したうえで、前例（過去の事例）も参考にして、公平性の担保にあたります。

　なお、対応事例の記録は秘密性の高い個人情報に当たるため、必ず鍵のかかるロッカーなどに保管します。

3
相談者（被害を受けた人）への
ヒアリングのポイント

　相談を受けた際は、無理に話を聞き出したりせず、次の点を踏まえた対応を心がけます。

①あたたかみのある親切な対応をする

　面談で信頼関係をつくるには、相談窓口担当者が自己紹介をするときの最初の言葉が重要です。「相談窓口の〜です。しっかりお話をうかがわせていただいて、一緒に問題を解決していきたいと思います」など、自分の立場・役割を明確にしたうえで面談に入ります。初動の相談は、オフィシャルなヒアリングですから、事実確認が主になることはある程度やむをえませんが、以前からの知り合いに対するようなあたたかみのある親切な対応を心がけてください。

　匿名希望の人には、問題解決のために名前を聞かせてもらうことを確認してください。無理に聞き出すことはできませんが、企業は法令に基づき対応しなければなりません。匿名ではその責任を果たせないことがあります。相談を進めながら相談者の信用を得て、名前を教えてもらえるようにしていきます。名前を明かして「対応をお願いしたい」という意向が示されたときは責任をもって対応します。

②守秘義務の説明をする

　ヒアリングでは、メモをとることの許諾を得てから、必ず秘密を保持することを約束します。

　パワハラ相談の場合、相談者は行為者とされる人（主に上司）に伝わることを恐れています。「内緒で相談したい」と外部に相談する

ケースや社内相談窓口に匿名の投書が届くケースもあります。そのため、第三者（周辺者）にヒアリングする際も、相談者本人の名前は伏せたままにします。それが無理なら、一連の対応が終了するまで、外部には秘密にすることを約束してもらいます。行為者とされる人のヒアリングを行なう場合も、必ず相談者に「相手にヒアリングをしていいか」を確認してください。

③相手の話をなぞる、適度のレビューをする

　相手の話はオウム返しではなく、なぞりながら聴き、適度にレビュー（要約）をします。メモをとることは相談者に「しっかり聴いてもらっている」という安心感を与えます。ちなみに私たちカウンセラーは、心を込めて傾聴するという意味で、「聴く」という文字をよく使っています。

④声のトーンを共鳴させ、相づちを打つ

　ハラスメント相談ではこれまで話せなかったことを打ち明けるのですから、声のトーンが低くなる傾向があります。それに共鳴させるようにこちらの声のトーンを少し低く抑えると、相談者は無意識のうちに、「気持ちを受けとめてもらっている」と感じます。

　相づちを打つことに対し、相談担当者の中には相手の言い分を肯定したことになると心配する人がいるかもしれません。しかしほどよい相づちは日常会話の中でも行なわれているものですから抑制するほうが不自然です。

⑤「共感」で相手の気持ちをくむ

　初動のヒアリングでは、相手の不安感、恐怖感、絶望感、孤立感、悔しさ、わだかまりなどの気持ちがこちらに伝わってきますので、しっかり受けとめましょう。「私がこの人の立場だったらどう感じるだろうか」と、相手の感情を想像してみてください。

⑥話を聴く前から結論（予断）をもたない

相談者が話し始めてすぐに「パワハラだ」「パワハラではない」と安易に結論づけないでください。同じようなケースにみえても、被害者のパーソナリティ、行為者のパーソナリティ、仕事内容、両者のおかれた状況などは異なり、同じものはありません。当然、対応もケースごとに違った形になります。

⑦沈黙時には少し待つ

相談者の沈黙は、頭の中でそれまでの話を整理して次に話すことをまとめている状態です。あまりにも長い沈黙が続く場合は、担当者から「いままでお聴きしたことは〜でよろしいですか」とレビューしましょう。

⑧相手のペースで話を聴く

短い時間でヒアリングをしなければいけないと事務的に進めると、相談者は事情聴取を受けている気持ちになり、心を閉ざしてしまいます。話は相手のペースでゆっくりと聴き、その後の社内での対応は早急にする、と心がけてください。

なお、確認すべき事実関係は、次のとおりです。

◆当事者（被害者および行為者とされる人）の関係
◆問題とされる言動が、いつ、どこで、どのように行なわれたか
◆行為を受けた際の気持ち
◆相談者は、行為者とされる人にどのような対応をとったか
◆管理者やリーダー、同僚等に相談しているか（当事者のみが知りうるものか、ほかに目撃者はいるのか）

⑨体調を確認する

相談者の中にはパワハラを受けて体調を崩している人がいます。必ず確認し、体調によっては、産業医につなぐことも検討してくださ

い。

　最近多いのはパワハラと過重労働が重なっているケースです。違法な長時間労働を放置していると、会社も法的な処分を受けることになります。

⑩意向・要望を確認する

　相談者の要望どおりの対応ができるとは限りませんが、ハラスメントの事実が明らかになった場合には、要望を尊重します。ただ本人には要望を整理し切れていないこともあります。一方、初めから「相手を異動させてください」と要求してくる人もいます。そういう人には、「要望をお聞きしました」とだけ伝えます。

⑪先の見通しを伝える

　少し先の見通しを、相談担当者がわかる範囲で伝えることは、相談者に希望を与えます。「ご相談の内容を持ち帰って、関係者で対応を検討します。その結果を伝えることを約束します」と話します。

⑫視野を広げてもらう支援をする

　パワハラの問題解決後に、相談者がワークライフバランスを保ち、会社でいきいきと仕事を続ける姿を描けるように支援していくことが大切です。相談者は「この問題さえ解決すればいい」と考えがちですが、物事へ複数の視点をもてるようになる一歩踏み込んだ支援をしたいものです。ただし、相談担当者は自分の先入観や価値観や希望を押しつけることは慎んでください。

⑬言い残したことがないか尋ねる

　面談は通常は約１時間です。残り時間が５分くらいになったら、何か言い残したことはないかを尋ねましょう。核心となる部分を言うべきか躊躇していた相談者が最後の５分で、実は、と急に話し始めることも少なくありません。

⑭時間がきたら、次回の約束をする

特に精神的ショックが大きい場合は、相談がなかなか進まないのが普通です。そういう場合、相談回数をできるだけ多くもつか、精神的ショックに対応できる専門家の援助を求めましょう。

次回の約束ができれば、相談者からある程度の信用を得たことになりますし、相談者に「この問題は放置されない」という希望と安心感を与えます。

⑮気持ちが楽になったと言われたら大きな効果

相談者から「気持ちが楽になった」との言葉を聞けたなら、それは初動がうまくいっていると考えてよいでしょう。気持ちが楽になったというのは気持ちを受けとめてもらえたという相手の意思表示だからです。

パワハラ相談では、相手の気持ちを受けとめ損ねると、初動の失敗につながりかねません。

4
行為者（とされた人）への
ヒアリングのポイント

①ヒアリングの手順と確認事項

　ハラスメントで訴えられ、会社からヒアリングを受ける、という事態に直面した行為者（とされた人）は多くの場合、「どんな処分を受けるか」と内心、恐怖感を抱いたり、その不安を抑えるために強固な防衛姿勢を貫いたり、あるいは「身に覚えのないことを訴えられた」と腹立たしいといった心理状態になることを相談担当者は十分に認識する必要があります。

　そこで、ヒアリングにあたって相談担当者はまず最初に、会社として相談窓口をつくって公正な対応をするようにルールを決めていることを説明します。そのうえで社員からハラスメントの相談があったのでヒアリング（事実確認）をするに至った、協力をお願いしたいと伝えます。そして、ヒアリングを行なうにあたって、この申立を理由に相手またはその周辺者にとって不利になること、業務以外の接触、詮索、他言をしないように約束してもらいます。報復行為があれば処分せざるをえないことも伝えます。

　ヒアリングで必ず確認することは、申立者との関係、普段からコミュニケーションはされていたか、問題となっている言動の認識の有無とその理由、申立者をどう思っていたか、状況改善のために協力する意向の有無です。これらを尋ねるとともに、申出があった以上は組織の一員として事実の確認に協力をお願いしたいと伝えます。

　ただし、行為者（とされた人）がヒアリングに非協力的な場合は深

追いせず、そこでいったん打ち切ります。日を改めてヒアリングを再開することが、事実確認に必要な情報を得るために有効です。

　行為者（とされた人）の言い分を引き出すためには、相談担当者はヒアリング時に、相手が「ハラスメントの行為者である」とはじめから決めつけているかのような対応をとることは、絶対にあってはなりません。話をよく聞かない対応は関係をこじらせます。「ヒアリングは事実を確認するための手段」と心得ることが大事です。

　ただし、行為者（とされた人）がストーカーやDV行為など犯罪行為をしている可能性がある場合は（このような行為は人間の内面から発生する思い込みで起こるため、外面では判断できない）、ヒアリングは警察への相談を含めて専門家に委ねます。

②ヒアリング結果はコンプライアンス（懲罰）委員会に引き継ぐ

　ハラスメントの有無は、ヒアリング結果に基づき、コンプライアンス（懲罰）委員会が判断し、パワハラと認められたときには就業規則や規程類に基づいてきちんと処分します。問題の先送りや見逃すような対応をすると、相手はハラスメントを繰り返して重い行為者にさせてしまいます。

　なお、パワハラの有無を判断するのは、相談担当者ではありませんので、くれぐれも留意してください。また、コンプライアンス（懲罰）委員会が行為者（とされた人）に対し、ハラスメント行為があったと判断して厳しい処分をすることは、あくまでも該当する行為に対して行なわれます。その人の人格（パーソナリティ）全体を否定することにならないよう配慮するだけでなく、単なる懲罰のために退職に追い込むようなことは避けなければなりません。

5
相談窓口の役割と相談への対応

①苦情・相談窓口の設置

　厚生労働省の「職場のパワーハラスメントに関する実態調査」（平成28年度）をみると、パワハラを受けた人のうち「何もしなかった」が40.9％、次いで「会社とは関係のないところに相談した」が24.4％です。「会社関係に相談した」は20.6％で、このうち「社内の相談窓口に相談した」人は3.5％、「人事等の社内の担当部署（相談窓口を除く）に相談した」が5.1％、「会社が設置している社外相談窓口に相談した」1.7％、「労働組合に相談した」2.3％です（複数回答）。ここからは、「隠れたパワハラ」が相当数に上ることが容易に推測できます。

　パワハラを受けても相談しなかった理由は、「何をしても解決にならないと思った」が68.5％、「職務上不利益が生じると思った」が24.9％です。多くの人は会社に相談しても何も変わらないと思っています。また、会社に相談すると何か不利益になるのではないか、と心配もしています。

②相談しやすい窓口にする

　こうした実態と被害者の心理の両方を踏まえた窓口づくりをしないと、パワハラの防止にはつなげられません。相談窓口担当者が最初に準備することは、潜在相談者の不安を十分取り扱えていないかもしれない実態を自覚することなのです。

　相談者が直属の上司、あるいは、さらに上の上司に相談することなく直接、相談窓口に訴えられるようにするには、相談したことによる

職務上の不利益が生じないことを最初に保証します。

　なお、上司またはさらに上の上司に相談できていたら、相談窓口にパワハラを訴えることにはならなかったかもしれません。上司は日頃、「相談窓口に行くなら自分のところにまず話しにきてほしい」と話しているかもしれませんが、よほど普段から信頼関係ができていないと、そのような発言が、相談窓口への相談をためらわせることになりかねない点にも留意してください。

③相談窓口担当者の役割と権限をルール化する

　ハラスメント相談窓口担当者が最初に行なうのは被害者のヒアリングです。このときは、被害者から事実確認をしてどのような問題が起きたかを聴き取ります。次が、行為者へのヒアリングです。さらに必要な場合に第三者（周辺者）へのヒアリングを行ないます。相談窓口担当者の役割と権限をここまでに止めておき、当事者への措置とフォロー（再発防止）はコンプライアンス（懲罰）委員会の権限と責任で対応することが望ましいでしょう。相談窓口担当者が、ヒアリングに加えてパワハラかどうかの判定まで担うのは、責任が重すぎるだけでなく、相談者・行為者の双方から逆恨みを受ける危険があるからです。

　ただし相談窓口担当者がどこまで対応するかは、組織の状況または社内規則によって異なる場合もあります。いずれにしても事前にルールを決めておく必要があります。

④人事やコンプライアンス（懲罰）委員会への連絡

　相談窓口がパワハラの可能性が高いと判断される相談を受けた場合は、人事やコンプライアンス（懲罰）委員会にまず連絡を入れます。

　相談窓口に相談があった際の一般的な手順は、「被害者のヒアリング→行為者のヒアリング→人事やコンプライアンス（懲罰）委員会へ

の連絡」とされています。そして、行為者のヒアリングを何度かした後、速やかにコンプライアンス部門につないで判断をあおぎます。

相談のスタートから当該組織の判断が出るまでは、約３ヵ月以内の期間で進めることが望ましいでしょう。また、行為者とされた人が以前からパワハラをしていると噂のある人だったとしても、先入観にとらわれることなく、新たな気持ちでヒアリングをします。

⑤結果はコンプライアンス（懲罰）委員会が伝える

組織として判断したことを相談者に伝える役はコンプライアンス（懲罰）委員会の責任者が担うのが望ましいでしょう。パワハラと認められた場合は、行為者に対してどのような対応をしたのかを相談者に報告します。その際、懲戒等の特に厳しい対応をとったケースでは、相談者の訴えだけでなく、その他の調査全体を踏まえた結果であることを伝えます。これは、相談者や周囲の人たちへの、訴えたことの責任を過剰に感じさせないための配慮であり、この問題を精神的に引きずらないようにするために必要とされるものです。

一方、パワハラと認められなかった場合は、相談者には、前例に基づき第三者の意見も踏まえて検討した結果であることを詳しく説明します。パワハラとは認定しなかったものの不適切なマネジメントの疑いがあった場合は、その点を行為者に注意をしたことを報告します。そして、今後も同様なことが起きないように注意をしていくこと、相談してもらったことが働きやすい職場をつくるために組織として参考になったこと、組織の役に立ったことを伝えます。

なお、一つの結論に至っても、それで終わらないことが多いので、引き続き相談窓口担当者やコンプライアンス（懲罰）委員会の責任者が見守ります。また、パワハラが認められなかった場合も、行為者とされた人には相談者への言動に注意することを約束してもらいます。

6
トラブル解決の具体例

①パワハラと認定された例（初動成功例）

[異動してきた上司からパワハラを受けた]

　Aさん（男性、30代後半）の会社では多くの社員が2～3年で異動しています。Aさんはいまの職場が3年目で、今年異動してきたB上司とペアを組むことになりました。B上司（50代、職場での位置づけはナンバー3の地位）は、仕事に習熟しているAさんと十分に話し合うことをしないまま、いろいろなことを進めてしまいます。また、AさんはB上司に、「おまえは馬鹿だ！　能力がない。これまで一体何をやってきたんだ。給料泥棒もいい加減にしろ」などと、他のスタッフもいるミーティングの場で繰り返し怒鳴り続けられました。そして、3ヵ月後には、Aさんがこれまでに出した成果を自分の手柄にして上のC上司に報告するということが起こりました。Aさんはやることをことごとく否定されたうえに自分の業績まで横取りされたと感じて、怒りをどこにぶつけたらいいのかわからなくなりました。

　朝早く目が覚めて胸がドキドキしたり、頭の中にB上司がずっといるようで息ができない感じになりました。自分で判断ができなくなり落ち込みがひどくなったことから、メンタルクリニックを受診しました。医師からは、うつ病と診断され3ヵ月間の休職をすすめられました。そのことをB上司の上のC上司に話し、相談窓口に相談したい、と訴えたところ、「B上司はあなたがもっと昇進・昇格していけるように指導しているのだと思うよ」と言われ、「これくらいのことを人事

の相談窓口に話すと大事になり、Aさんの将来にもかかわる」との話があったものの、Aさんは相談窓口に訴えました。

相談窓口担当者による行為者ヒアリングでB上司は、Aさんが担当している仕事が進まないことを懸念したC上司から特別に依頼されて自分がやることになったと説明しました。コンプライアンス委員会はB上司がAさんに優越的な関係を背景とした暴言を繰り返したこと、それがAさんをメンタル不調に追い込んだという因果関係が認められることからパワハラと判断して、懲戒処分（2週間の出勤停止、降格）を申し渡しました。その後、Aさんは、当人の了解のうえでB上司と接点のない職場に異動となりました。C上司も、不適切なマネジメントを行なったとして注意を受けました。

この会社ではトップが、「せっかく育てた人材をつぶすような上司を決して許さない。どれほどの能力のある社員でも組織は処分します」というメッセージを全社員に向けて明確に発していました。

[対応のポイント]

このケースでは、トップのハラスメント防止への姿勢、社内相談窓口、人事のコンプライアンス部門の連携が、初動対応成功の鍵となりました。パワハラを訴えたAさんは、その後は病気休職をすることなく働いています。人事のコンプライアンス担当者は、ハラスメントを相談すると事が大きくなると不安視している社員がまだまだ多いと切実に受けとめ、会社として今後さらに信頼が得られるよう、コンプライアンス（とりわけパワーハラスメント）相談窓口をPRしていくと話しています。

②**パワハラとは認定されなかった例（グレーゾーン例）**

[酒の席で上司からパワハラを受けた]

Dさん（女性、20代後半）は入社6年目で、今の職場に異動して半

年になります。本人にとってこれまで考えたことのない仕事で、求められていることにまだ応えられない、入社2年目の後輩にも負けていると悩んでいました。

　ある日の飲み会の席で、E上司（室長）から「Dさんは総合職なのに、いまの等級（レベル）に見合った仕事が全然できていない。上期の評価は厳しくなるよ。この職場には優秀な人が多いから、今後Dさんが評価を挽回しようとするなら、死ぬ気でやらない限りまず無理だな」などと言われ、20分以上も一方的に話し続けて席を立たせてもらえませんでした。また、日頃は話しかけてもくれないのに、この日はしつこく評価について言及されました。Dさんはこれまでも仕事のことでE上司に相談しようとしていましたが、話しかけても「あとで」と言われるだけで時間をつくってもらえませんでした。

　Dさんは、E上司は酒癖が悪く、暴言を吐くという噂は聞いていましたが、飲み会が課全体のものなので、仕方なく参加しました。Dさんは相談窓口に「私はE上司によって先輩や後輩のいる前で長時間暴言を吐かれて侮辱を受けました。このようなパワハラが許されている会社を辞めようかと考えています」と訴えました。

　相談窓口担当者はE上司に行為者ヒアリングをしましたが、E上司は「自分の育った時代は酒の席で上司から注意を受けるのはよくあった。普通のことをしただけで、Dさんにはもっと頑張ってもらいたいという指導の一環だった」と主張しました。他の参加者に事実確認をしたところ「言いすぎだと思った。正論を言っているが指導になっていない」という声もありました。

　コンプライアンス委員会はこの件はパワハラとまでは判断しないが上司は不適切な（マネジャーとしては好ましくない）マネジメントをしたという点について、懲戒ではないが厳重注意をして、上司の異動

を決めました。

　暴言は1回だけで、これまで何度も繰り返されているわけではないが、酒の席といえども上司が20分以上、課の全員がいる前で一方的に注意をするという行為が与える精神的ショックは大きかったと想像できます。本人は会社を辞めるしかないと訴えているので、曖昧な対応では外部に訴えられる可能性があります。

　自分が辞めるか相手を辞めさせるかと訴えてくるのは、最近の若い人に多くみられます。相談担当者としては本人の感情に配慮しながら話を聴き、まわりの人にもヒアリングし、正確な情報の収集に徹します。

　なお、行為者の上司は、指導の一環だったと主張していますが、自分が育ったときと同じやり方（経験値）で部下を指導しようとした点に、会社としての管理者研修不足が表われているようです。この点については、次節を参照ください。また、パワハラとは直接には関係ありませんが、コンプライアンス委員会の責任者は、上司の酒癖が噂になっている点についても指導しておくことが必要です。

7
研修のポイント

①企業としての対応

　①経営者が明確な方針を打ち出す

　ハラスメントを些細な問題ととらえ、「この程度のことで申し立てる者は、トラブルメーカーだ」と発言する経営層や担当役員はいまでも少なくありません。行為者が会社の業績に貢献しているケースでは、被害者よりも行為者のほうを守りたいと考える経営者もいます。

　行為者を擁護することは、業績という点では会社にメリットがあるように思えるかもしれませんが、それはあくまでも短期的な効果にすぎず、長期的にみると、問題が深刻な事態にも発展しかねません。

　たとえば、この会社では解決できないと考えた被害者が、厚生労働省の都道府県労働局や弁護士に相談し、対応に追われる結果となる可能性もあります。社内ではパワハラを抑え込むことができたとしても、外部から指摘されたら「なかったこと」にはできません。より厳しい措置を求められることもあります。

　経営者は長期的視点をもち、ハラスメント防止について明確に方針を打ち出すことが必要です。また、相談担当者に相応の権限と責任を与え、適切に初動にあたれるように注力したほうが、トラブルを初期段階で解決できます。その点をよく理解しておく必要があります。相談窓口の初動を支えるのは、経営者の理解とバックアップなのです。

　②組織の問題ととらえる

　ハラスメントが生じている場合、そこには組織的要因がかかわって

います。たとえば、パワハラを指摘された上司は、その上の上司から厳しいノルマを課せられ毎日のように注意を受けているということが見受けられます。最初は単なる個人の特殊な言動とみえたトラブルも、その背後に会社組織自体の問題が横たわっていることも少なくありません。

　組織内のパワハラを防止することがむずかしいのはこのためです。だからこそ経営者の価値観や理念が問われるのです。

　③「パワハラ防止法」を遵守する

　これまで経営者には、労務提供者（社員）に対して安全配慮義務（安全かつ健康に働くことができる職場環境を整備すること）という形で、ハラスメントのない職場環境の整備が課せられていました。それに加えて2020年6月以降は、パワハラ防止法の遵守が求められます。

　職場内外のパワハラ行為を、事実を確かめず曖昧な対応をして放置することは、社会的に許されません。

②管理職者に対する研修

　①双方向コミュニケーションの重要性を再認識してもらう

　ハラスメントの多くはコミュニケーションと密接に関係しています。相手の話をきちんと聴き、双方向のコミュニケーションをとることがハラスメント防止のポイントであり、相手にハラスメントと受け取られやすい人には、一方通行のコミュニケーションが多くみられる（自分の考えや価値観を押しつける、相手の話を聞かない、話を遮るなど）点を認識してもらうようにします。

　職場で伝えるべき事柄は、下に対してだけでなく、上方向に対してもあります。雰囲気のよい職場、風通しのよい職場というのは現場の人たちが上に声をあげやすい職場といわれます。逆に、パワハラ的言

動は下から上へ情報が上がらない状態で起こりやすくなります。

心理学の分野には、「心理的安全性」という専門用語があります。Googleでは、社員の生産性を高める計画に着手した結果「他者への心遣いや同情、あるいは配慮や共感」といったメンタルな要素こそ重要ということが浮かび上がったそうです。心理的安全性が確保できるか、すなわち、「安らかな雰囲気を育めるか」が生産性向上の鍵を握るといえるのです。

②研修では「会社の評判」ばかり強調しない

ハラスメントを防止するには、管理職研修や社員研修を通じて、ハラスメントについて正しく理解してもらうことが求められます。

ただし、ハラスメントを外に訴えられることを恐れて、評判リスク（レピュテーション・リスク）ばかりを強調した研修を行なうことは、望ましくありません。評判リスクを気にするあまり、問題を隠そうとする社員が現われることもあり、コンプライアンスを浸透させた社内風土づくりをむずかしくすることがあるからです。

③ハラスメントの実例を取り上げる

「指導」という名目で常識を超えたハラスメントが行なわれている例も報告されています。部下である被害者は、行為者である上司に指導してもらわないと仕事が回せないなどの事情を抱えていると、相談窓口に申し出るのにかなり心理的な抵抗を感じます。また、指導は1対1で行なわれることが多いために、第三者がその実態を知ることは容易ではありません。

どこまでの範囲が「指導」になるかは、業務の種類によって変わってきます。安全を重視しなければいけない職場においては、より厳しい言動でも、「安全を守るために必要な言動」と判断される場合もあります。

研修のテーマとして、どこまでが「指導」かを、実例をあげて話し合い、職場内である程度のコンセンサスを得ておくことが大切です。

　④ノルマ未達の責任を部下にだけ押しつけない

　上司が暴言や身体的暴力をふるってでも部下に目標を達成させるという考え方は、今日では許されません。

　売り上げが低迷していることやノルマの未達に厳しく対処する必要があることなどは、職場のメンバー全員が認識しなければなりません。そして、営業成績が不振の社員がいる場合は、上司と部下の両方に責任があることを職場のメンバー全員が認識していないと、ハラスメントは起こりやすくなります。

　管理職研修では、この点についても伝えていきます。

　⑤対応を現場の上司任せにしない

　ハラスメントの問題は、現場の上司に相談される場合も多く、上司が相談窓口に情報を入れずに、自分の判断で収めようとするケースも見受けられます。

　訴えた被害者は、いきなり相談窓口に訴えるよりもまずは上司に相談することで筋を通しているわけですから、職場のことをかなり考えてくれていると考えられます。

　しかし、その上司に「この程度のことは仕方がないのではないか」などと軽い扱いをされると、「この職場では解決できない」という気持ちになりかねません。その後に社内相談窓口に相談してくれればいいのですが、不信感が生まれていますので、会社の外に訴えることに踏み切る可能性もあります。

　現場に対応を委ねることが問題解決を遅らせる場合もありますので、上司に相談があったときは、本人の了解を取ったうえで必ず社内相談窓口に連絡して、窓口と協力しながら対応するというルールを決

めておくべきです。

⑥噂もハラスメントになりうる

　ある女性は、自分が飲み会の席で話した個人的な恋愛話が社内外で噂になっていることを同僚から聞きました。女性は上司に、この噂話を流した男性に注意をしてほしいと依頼しましたが、上司は事態を放置しました。

　このような対応は、プライバシーの侵害を放置したという意味でハラスメントになることを認識してください。ハラスメントになりうる言動の相談を上司が受けた場合には、まず社内相談窓口へ相談するように徹底します。

③一般社員に対する研修

①社内恋愛もハラスメントになることがある

　たとえば、「二人が親密な態度で頻繁に仕事以外の話をしていて気になる」など、社内恋愛について上司や相談窓口に相談があったときは、社会常識に照らし合わせて対応します。

　社内恋愛が職場の秩序を乱していることが明らかな場合には、他の人たちが不快に感じている可能性もありますので、環境型のハラスメントになることもあります。

②外部との関係でもハラスメント（カスタマーハラスメント）は起こる

　外部の人との関係においても、ハラスメントは起こります。

　社員がハラスメントを受けたと思われる場合は、相手が取引先であっても、部署の責任者が取引先に伝えてきちんと対処してもらわなければなりません。

　反対に、下請け企業の担当者などに対して、自社の社員がハラスメント的な言動をとるケースも起こりえます。そのような場合は、部署の責任者が相手企業に出向いて謝罪をしたうえで、処分内容と今後の

改善策などを伝え、二度と繰り返さないことを約束します。上司のそうした態度は、相手からの信用を高めることにもつながります。

③採用時のパワハラは瞬く間に拡散する

採用時にもハラスメントは起こります。就活する学生に対して、セクハラをした、パワハラをしたという例がときどき報道されています。優位な立場にあることを利用したこうした言動は許されませんので、厳正な処分をするべきです。

LGBT（レズビアン、ゲイ、バイセクシュアル、トランスジェンダー）を差別するケースも起こりえます。その点にも十分に留意して、採用時からハラスメントをなくしていく必要があります。

ある会社で販売員を募集したところ、入社者にトランスジェンダーが含まれていることがわかりました。戸籍上は男性ですが、履歴書には女性とありました。会社内で検討した結果、本人が継続して働くことを強く望んでいたため、トイレや更衣室などの必要な措置をとり、周囲の理解も得て継続的に働いてもらっています。

なお、最近の学生は口コミのネットワークを駆使しているため、パワハラの噂は瞬く間に広まり、会社の信用を著しく落とすことにもなりかねませんので、十分留意してください。

④被害を受けたときは相談できる社内リソースを探す

ハラスメントを受けた当事者（被害者）は、その動揺のため、会社を辞めるか、外部に訴えるかといった両極端な行動をとりがちです。まずは社内外にある信用できるソーシャルリソース（社会的資源）を探してみましょう。社内相談窓口、また契約している社外相談窓口はもちろんのこと、信頼できる同僚や先輩、上司も重要なリソースです。その意味で、周囲にいる人が当事者からのハラスメントの相談を受けた場合には、単なる個人間トラブルとして考えるのではなく、社

内相談窓口への通報を含めた支援行動が必要になるのです。

　今日、企業内で個人の人権やダイバーシティ（多様性）の問題を尊重する気運が高まっていることもあり、社内相談窓口は責任をもって対応にあたってくれるはずです。それは企業が、自社のイメージアップ戦略の一環として相談窓口対応に力を入れているからです。またそれだけでなく、会社として問題解決の責任を果たすことを自覚している表われであり、社内相談窓口を通じてトラブルの解決に近づくことが、働きやすい職場環境にもつなげられるからです。これらの点を、社員研修などを通じて、全社員に周知します。

　なお、社内相談窓口の存在は知られていても、どういうプロセスを経て問題解決に至るかは、ほとんど理解されていません。相談窓口の利用者がなかなか増えない一因がここにあります。企業としては、個人情報に配慮したうえで、具体的事例を交えて、相談の流れや途中経過をオープンにすることで、社員が相談窓口の機能に信頼を寄せられるようにすることが求められます。

　ハラスメントはだれもが被害者になる可能性があります。同様に、だれもが意図的ではないにしても行為者になりえます。だからこそ、トラブルに遭遇した際の合理的な解決法を知っておくことは大変有益なのです。

8

パワハラの行為者、被害者を
出さないための留意点

①モチベーションを高める指導法

①「優越性」を自覚する

職場において、職位の上下にはかかわりなく、どのような形であっても自己のもつ心理的な「優越性」を利用すると、相手に対するパワハラになることがあります。このような優位な立場からの言動は、たとえ意図的でないとしても、繰り返された相手が苦痛を感じることが多いからです。

②指導法を工夫する

厳しい指導かパワハラかの線引きにこだわるよりも、相手の性格・能力・立場に応じた指導ができるように工夫します。感情的になって長時間、一方的に叱責するだけでは合理的な指導とはいえません。何が相手に不足しているのか、それに対応するにはどうしたらいいか、先への見通しを加えて相手が理解できるよう明確に伝えます。

③プライドを傷つけない

パワハラ相談の折に被害者とされる人がしばしば訴えるのが、「プライドを傷つけられた」という点です。考え方（価値観）や受け取り方の相違をなくすことは不可能です。マネジメントをする立場の人は、部下のプライドを最大限に尊重しなければ、部下のモチベーションを高められないどころか、被害感（被害者意識）だけを募らせることになりかねません。

指導する際は、相手の不足する点、間違えた点は事実として指摘

し、人格を否定するような言動は厳に慎まなければなりません。

④フォローを必ず行なう

業務上、厳しい指導が必要な場合があるかもしれませんが、そのようなときこそ、自らが（あるいは適切な仲介者を使って）フォローすることが大事です。感情的なしこりを残したままでは、職場の士気を高めることはできません。

適切な指導の中には、部下の仕事ぶりを認め、自己評価を高めるというポジティブなフィードバックが含まれています。

②被害者にならないために知っておくべきこと

①安全で健康な職場を求める権利がある

労働者には、雇用者側に対して契約を遵守して労働を提供するために自己の健康を保持する義務（自己保健義務）があります。それと対をなすのが雇用者側の安全配慮義務です。

②ソーシャルサポートを活用する

ソーシャルサポートとは、社会的関係の中でやりとりされる支援のことで、社会的支援と訳されます。信頼できる人からの支援こそが当事者を安心させ、気持ちを前向きにさせる力になりますので、普段から、まわりに信頼できる人をもつこと、ネットワークを形成することが、メンタルを健全に維持していくためには不可欠です。

阪神・淡路大震災以降に「受援力」という言葉が使われるようになりました。助けを求めたり、助けを受けたりする心構えやスキルのことです。助けられたことがある人は、次は助ける側にまわり、「支援力」を発揮することが多いからです。

③アサーション

あまり聞きなれない言葉ですが、一方的に権利を振りかざして自己主張するのではなく、相手の立場・気持ちを十分に尊重しつつも、自

分の言うべきことはしっかり主張する態度のことです。

相手から言われた言葉に沈黙したり、激高したりするのではなく、時には自己を表現することが、パワハラ回避につなげられます。

④記録を残す

パワハラを受けたと感じたら、メモをとる、あるいは音声の形で残しておきます。たとえ断片的な録音でも、セクハラの場合は重要な証拠となります（パワハラでは前後の文脈によって判断されます）。また、「適切な業務指導の範囲を超える」かどうかは、繰り返し行なわれていたことが一つの目安になる場合が多いので、記録しておくことには意味があります。

⑤「パワハラ防止法」をプラスに活かす

多くの働く人にとって一番ストレスフルなことは社内・社外における「人間関係」だといわれています。ある特定の社会組織に属して働く人は、1日のうち、そして限られた人生の時間の中でも圧倒的に多くの時間を仕事に費やし、職場で過ごしています。「パワハラ防止法」ができたことで、やっと相談できるようになる人、過剰な反応を示す人などが出てくることでしょう。おそらく、相談件数は増えてきます。働く個人としては、積極的に相談することを通じて、よりよい職場環境をつくり上げていくために、この法律を活用することが必要だと思います。

③社外相談窓口があることを知っておく

ここまで主として社内相談窓口における対処法を想定して述べてきましたが、「社外」相談窓口に委託することも場合によっては必要になると思います。

①相談の匿名性が保証される

「パワハラ防止法」によって、社内に相談窓口が義務づけられまし

たが、相談の敷居はまだ高いのが現実です。利用者が増えていない一番の理由は、相談によって不利益が生じることへのおそれです。その点、社外相談窓口は相談者の匿名性と安心感を保証していますので気軽に相談できます。

②複数の視点から検討できる

社外相談窓口には、特定の企業との契約下にあるとはいえ、守秘義務をもち、一つの組織や企業文化に染まっていません。だからこそ、複数の視点から、それぞれの相談にどのように対応していけば、相談者と企業の双方にとって、よりよい解決に至るかを検討できます。

③社内相談窓口につなげる仲介的支援ができる

相談者の中は、社外相談窓口に話を聴いてもらっただけで自分から現実的な対応がとれるようになる人もいます。しかし、社内相談窓口につなげなければ解決に至ることのできないケースが多いことから、原則としては、相談者が社内相談窓口に自ら申し出るように進めていきます。場合によっては、本人の了解を得て、社外相談窓口から社内相談窓口に連絡して、社内相談窓口が相談者本人と直接交渉できるようにセッティングすることもあります。このように、社外相談窓口は具体的な解決の支援を仲介する機能も担っています。

第 **4** 章

資　料

事業主が職場における優越的な関係を背景とした言動に起因する問題に関して雇用管理上講ずべき措置等についての指針

（令和２年厚生労働省告示第５号）

1　はじめに

この指針は、労働施策の総合的な推進並びに労働者の雇用の安定及び職業生活の充実等に関する法律（昭和41年法律第132号。以下「法」という。）第30条の２第１項及び第２項に規定する事業主が職場において行われる優越的な関係を背景とした言動であって、業務上必要かつ相当な範囲を超えたものにより、その雇用する労働者の就業環境が害されること（以下「職場におけるパワーハラスメント」という。）のないよう雇用管理上講ずべき措置等について、同条第３項の規定に基づき事業主が適切かつ有効な実施を図るために必要な事項について定めたものである。

2　職場におけるパワーハラスメントの内容

(1)　職場におけるパワーハラスメントは、職場において行われる①優越的な関係を背景とした言動であって、②業務上必要かつ相当な範囲を超えたものにより、③労働者の就業環境が害されるものであり、①から③までの要素を全て満たすものをいう。

なお、客観的にみて、業務上必要かつ相当な範囲で行われる適正な業務指示や指導については、職場におけるパワーハラスメントには該当しない。

(2)　「職場」とは、事業主が雇用する労働者が業務を遂行する場所を指し、当該労働者が通常就業している場所以外の場所であっても、当該労働者が業務を遂行する場所については、「職場」に含まれる。

(3)　「労働者」とは、いわゆる正規雇用労働者のみならず、パートタイム労働者、契約社員等いわゆる非正規雇用労働者を含む事業主が雇用する労働者の全てをいう。

また、派遣労働者については、派遣元事業主のみならず、労働者派遣の役務の提供を受ける者についても、労働者派遣事業の適正な運営の確保及び派遣労働者の保護等に関する法律（昭和60年法律第88号）第47条の４の規定により、その指揮命令の下に労働させる派遣労働者を雇用する事業主とみなされ、法第30条の２第１項及び第30条の３第２項の規定が適用されることから、労働者派遣の役務の提供を受ける者は、派遣労働者についてもその雇用する労働者と同様に、３(1)の配慮及び４の措置を講ずることが必要である。なお、法第30条の２第２項、第30条の５第２項及び第30条の６第２項の労働者に対する不利益な取扱いの禁止については、派遣労働者も対象に含まれるものであり、派遣元事業主のみならず、労働者派遣の役務の提供を受け

る者もまた、当該者に派遣労働者が職場におけるパワーハラスメントの相談を行ったこと等を理由として、当該派遣労働者に係る労働者派遣の役務の提供を拒む等、当該派遣労働者に対する不利益な取扱いを行ってはならない。

(4) 「優越的な関係を背景とした」言動とは、当該事業主の業務を遂行するに当たって、当該言動を受ける労働者が当該言動の行為者とされる者（以下「行為者」という。）に対して抵抗又は拒絶することができない蓋然性が高い関係を背景として行われるものを指し、例えば、以下のもの等が含まれる。
・ 職務上の地位が上位の者による言動
・ 同僚又は部下による言動で、当該言動を行う者が業務上必要な知識や豊富な経験を有しており、当該者の協力を得なければ業務の円滑な遂行を行うことが困難であるもの
・ 同僚又は部下からの集団による行為で、これに抵抗又は拒絶することが困難であるもの

(5) 「業務上必要かつ相当な範囲を超えた」言動とは、社会通念に照らし、当該言動が明らかに当該事業主の業務上必要性がない、又はその態様が相当でないものを指し、例えば、以下のもの等が含まれる。
・ 業務上明らかに必要性のない言動
・ 業務の目的を大きく逸脱した言動
・ 業務を遂行するための手段として不適当な言動
・ 当該行為の回数、行為者の数等、その態様や手段が社会通念に照らして許容される範囲を超える言動
　この判断に当たっては、様々な要素（当該言動の目的、当該言動を受けた労働者の問題行動の有無や内容・程度を含む当該言動が行われた経緯や状況、業種・業態、業務の内容・性質、当該言動の態様・頻度・継続性、労働者の属性や心身の状況、行為者との関係性等）を総合的に考慮することが適当である。また、その際には、個別の事案における労働者の行動が問題となる場合は、その内容・程度とそれに対する指導の態様等の相対的な関係性が重要な要素となることについても留意が必要である。

(6) 「労働者の就業環境が害される」とは、当該言動により労働者が身体的又は精神的に苦痛を与えられ、労働者の就業環境が不快なものとなったため、能力の発揮に重大な悪影響が生じる等当該労働者が就業する上で看過できない程度の支障が生じることを指す。
　この判断に当たっては、「平均的な労働者の感じ方」、すなわち、同様の状況で当該言動を受けた場合に、社会一般の労働者が、就業する上で看過できない程度の支障が生じたと感じるような言動であるかどうかを基準とすることが適当である。

(7) 職場におけるパワーハラスメントは、(1)の①から③までの要素を全て満

たすものをいい（客観的にみて、業務上必要かつ相当な範囲で行われる適正な業務指示や指導については、職場におけるパワーハラスメントには該当しない。）、個別の事案についてその該当性を判断するに当たっては、(5)で総合的に考慮することとした事項のほか、当該言動により労働者が受ける身体的又は精神的な苦痛の程度等を総合的に考慮して判断することが必要である。

このため、個別の事案の判断に際しては、相談窓口の担当者等がこうした事項に十分留意し、相談を行った労働者（以下「相談者」という。）の心身の状況や当該言動が行われた際の受け止めなどその認識にも配慮しながら、相談者及び行為者の双方から丁寧に事実確認等を行うことも重要である。

これらのことを十分踏まえて、予防から再発防止に至る一連の措置を適切に講じることが必要である。

職場におけるパワーハラスメントの状況は多様であるが、代表的な言動の類型としては、以下のイからへまでのものがあり、当該言動の類型ごとに、典型的に職場におけるパワーハラスメントに該当し、又は該当しないと考えられる例としては、次のようなものがある。

ただし、個別の事案の状況等によって判断が異なる場合もあり得ること、また、次の例は限定列挙ではないことに十分留意し、4(2)ロにあるとおり広く相談に対応するなど、適切な対応を行うようにすることが必要である。

なお、職場におけるパワーハラスメントに該当すると考えられる以下の例については、行為者と当該言動を受ける労働者の関係性を個別に記載していないが、(4)にあるとおり、優越的な関係を背景として行われたものであることが前提である。

イ　身体的な攻撃（暴行・傷害）
　(イ)　該当すると考えられる例
　　①　殴打、足蹴りを行うこと。
　　②　相手に物を投げつけること。
　(ロ)　該当しないと考えられる例
　　①　誤ってぶつかること。

ロ　精神的な攻撃（脅迫・名誉棄損・侮辱・ひどい暴言）
　(イ)　該当すると考えられる例
　　①　人格を否定するような言動を行うこと。相手の性的指向・性自認に関する侮辱的な言動を行うことを含む。
　　②　業務の遂行に関する必要以上に長時間にわたる厳しい叱責を繰り返し行うこと。
　　③　他の労働者の面前における大声での威圧的な叱責を繰り返し行うこと。
　　④　相手の能力を否定し、罵倒するような内容の電子メール等を当該相手を含む複数の労働者宛てに送信すること。

(ロ)　該当しないと考えられる例
　　　①　遅刻など社会的ルールを欠いた言動が見られ、再三注意してもそれ
　　　　が改善されない労働者に対して一定程度強く注意をすること。
　　　②　その企業の業務の内容や性質等に照らして重大な問題行動を行った
　　　　労働者に対して、一定程度強く注意をすること。
ハ　人間関係からの切り離し（隔離・仲間外し・無視）
　　(イ)　該当すると考えられる例
　　　①　自身の意に沿わない労働者に対して、仕事を外し、長期間にわた
　　　　り、別室に隔離したり、自宅研修させたりすること。
　　　②　一人の労働者に対して同僚が集団で無視をし、職場で孤立させること。
　　(ロ)　該当しないと考えられる例
　　　①　新規に採用した労働者を育成するために短期間集中的に別室で研修
　　　　等の教育を実施すること。
　　　②　懲戒規定に基づき処分を受けた労働者に対し、通常の業務に復帰させ
　　　　るために、その前に、一時的に別室で必要な研修を受けさせること。
ニ　過大な要求（業務上明らかに不要なことや遂行不可能なことの強制・仕
　　事の妨害）
　　(イ)　該当すると考えられる例
　　　①　長期間にわたる、肉体的苦痛を伴う過酷な環境下での勤務に直接関
　　　　係のない作業を命ずること。
　　　②　新卒採用者に対し、必要な教育を行わないまま到底対応できないレ
　　　　ベルの業績目標を課し、達成できなかったことに対し厳しく叱責する
　　　　こと。
　　　③　労働者に業務とは関係のない私的な雑用の処理を強制的に行わせる
　　　　こと。
　　(ロ)　該当しないと考えられる例
　　　①　労働者を育成するために現状よりも少し高いレベルの業務を任せる
　　　　こと。
　　　②　業務の繁忙期に、業務上の必要性から、当該業務の担当者に通常時
　　　　よりも一定程度多い業務の処理を任せること。
ホ　過小な要求（業務上の合理性なく能力や経験とかけ離れた程度の低い仕
　　事を命じることや仕事を与えないこと）
　　(イ)　該当すると考えられる例
　　　①　管理職である労働者を退職させるため、誰でも遂行可能な業務を行
　　　　わせること。
　　　②　気にいらない労働者に対して嫌がらせのために仕事を与えないこと。
　　(ロ)　該当しないと考えられる例
　　　①　労働者の能力に応じて、一定程度業務内容や業務量を軽減すること。

へ　個の侵害（私的なことに過度に立ち入ること）
　　(イ)　該当すると考えられる例
　　　　①　労働者を職場外でも継続的に監視したり、私物の写真撮影をしたり
　　　　　すること。
　　　　②　労働者の性的指向・性自認や病歴、不妊治療等の機微な個人情報に
　　　　　ついて、当該労働者の了解を得ずに他の労働者に暴露すること。
　　　(ロ)　該当しないと考えられる例
　　　　①　労働者への配慮を目的として、労働者の家族の状況等についてヒア
　　　　　リングを行うこと。
　　　　②　労働者の了解を得て、当該労働者の性的指向・性自認や病歴、不妊
　　　　　治療等の機微な個人情報について、必要な範囲で人事労務部門の担当
　　　　　者に伝達し、配慮を促すこと。
　　　この点、プライバシー保護の観点から、へ(イ)②のように機微な個人情報
　　を暴露することのないよう、労働者に周知・啓発する等の措置を講じること
　　が必要である。
3　事業主等の責務
　(1)　事業主の責務
　　　法第30条の３第２項の規定により、事業主は、職場におけるパワーハラス
　　メントを行ってはならないことその他職場におけるパワーハラスメントに起
　　因する問題（以下「パワーハラスメント問題」という。）に対するその雇用
　　する労働者の関心と理解を深めるとともに、当該労働者が他の労働者（他の
　　事業主が雇用する労働者及び求職者を含む。(2)において同じ。）に対する言
　　動に必要な注意を払うよう、研修の実施その他の必要な配慮をするほか、国
　　の講ずる同条第１項の広報活動、啓発活動その他の措置に協力するように努
　　めなければならない。なお、職場におけるパワーハラスメントに起因する問
　　題としては、例えば、労働者の意欲の低下などによる職場環境の悪化や職場
　　全体の生産性の低下、労働者の健康状態の悪化、休職や退職などにつながり
　　得ること、これらに伴う経営的な損失等が考えられる。
　　　また、事業主（その者が法人である場合にあっては、その役員）は、自ら
　　も、パワーハラスメント問題に対する関心と理解を深め、労働者（他の事業
　　主が雇用する労働者及び求職者を含む。）に対する言動に必要な注意を払う
　　ように努めなければならない。
　(2)　労働者の責務
　　　法第30条の３第４項の規定により、労働者は、パワーハラスメント問題に
　　対する関心と理解を深め、他の労働者に対する言動に必要な注意を払うとと
　　もに、事業主の講ずる４の措置に協力するように努めなければならない。
4　事業主が職場における優越的な関係を背景とした言動に起因する問題に関し
　雇用管理上講ずべき措置の内容

事業主は、当該事業主が雇用する労働者又は当該事業主（その者が法人である場合にあっては、その役員）が行う職場におけるパワーハラスメントを防止するため、雇用管理上次の措置を講じなければならない。

(1)　事業主の方針等の明確化及びその周知・啓発

　　事業主は、職場におけるパワーハラスメントに関する方針の明確化、労働者に対するその方針の周知・啓発として、次の措置を講じなければならない。

　　なお、周知・啓発をするに当たっては、職場におけるパワーハラスメントの防止の効果を高めるため、その発生の原因や背景について労働者の理解を深めることが重要である。その際、職場におけるパワーハラスメントの発生の原因や背景には、労働者同士のコミュニケーションの希薄化などの職場環境の問題もあると考えられる。そのため、これらを幅広く解消していくことが職場におけるパワーハラスメントの防止の効果を高める上で重要であることに留意することが必要である。

イ　職場におけるパワーハラスメントの内容及び職場におけるパワーハラスメントを行ってはならない旨の方針を明確化し、管理監督者を含む労働者に周知・啓発すること。

　　（事業主の方針等を明確化し、労働者に周知・啓発していると認められる例）

　①　就業規則その他の職場における服務規律等を定めた文書において、職場におけるパワーハラスメントを行ってはならない旨の方針を規定し、当該規定と併せて、職場におけるパワーハラスメントの内容及びその発生の原因や背景を労働者に周知・啓発すること。

　②　社内報、パンフレット、社内ホームページ等広報又は啓発のための資料等に職場におけるパワーハラスメントの内容及びその発生の原因や背景並びに職場におけるパワーハラスメントを行ってはならない旨の方針を記載し、配布等すること。

　③　職場におけるパワーハラスメントの内容及びその発生の原因や背景並びに職場におけるパワーハラスメントを行ってはならない旨の方針を労働者に対して周知・啓発するための研修、講習等を実施すること。

ロ　職場におけるパワーハラスメントに係る言動を行った者については、厳正に対処する旨の方針及び対処の内容を就業規則その他の職場における服務規律等を定めた文書に規定し、管理監督者を含む労働者に周知・啓発すること。

　　（対処方針を定め、労働者に周知・啓発していると認められる例）

　①　就業規則その他の職場における服務規律等を定めた文書において、職場におけるパワーハラスメントに係る言動を行った者に対する懲戒規定を定め、その内容を労働者に周知・啓発すること。

　②　職場におけるパワーハラスメントに係る言動を行った者は、現行の就

業規則その他の職場における服務規律等を定めた文書において定められている懲戒規定の適用の対象となる旨を明確化し、これを労働者に周知・啓発すること。
(2)　相談（苦情を含む。以下同じ。）に応じ、適切に対応するために必要な体制の整備

事業主は、労働者からの相談に対し、その内容や状況に応じ適切かつ柔軟に対応するために必要な体制の整備として、次の措置を講じなければならない。

イ　相談への対応のための窓口（以下「相談窓口」という。）をあらかじめ定め、労働者に周知すること。

（相談窓口をあらかじめ定めていると認められる例）
①　相談に対応する担当者をあらかじめ定めること。
②　相談に対応するための制度を設けること。
③　外部の機関に相談への対応を委託すること。

ロ　イの相談窓口の担当者が、相談に対し、その内容や状況に応じ適切に対応できるようにすること。また、相談窓口においては、被害を受けた労働者が萎縮するなどして相談を躊躇する例もあること等も踏まえ、相談者の心身の状況や当該言動が行われた際の受け止めなどその認識にも配慮しながら、職場におけるパワーハラスメントが現実に生じている場合だけでなく、その発生のおそれがある場合や、職場におけるパワーハラスメントに該当するか否か微妙な場合であっても、広く相談に対応し、適切な対応を行うようにすること。例えば、放置すれば就業環境を害するおそれがある場合や、労働者同士のコミュニケーションの希薄化などの職場環境の問題が原因や背景となってパワーハラスメントが生じるおそれがある場合等が考えられる。

（相談窓口の担当者が適切に対応することができるようにしていると認められる例）
①　相談窓口の担当者が相談を受けた場合、その内容や状況に応じて、相談窓口の担当者と人事部門とが連携を図ることができる仕組みとすること。
②　相談窓口の担当者が相談を受けた場合、あらかじめ作成した留意点などを記載したマニュアルに基づき対応すること。
③　相談窓口の担当者に対し、相談を受けた場合の対応についての研修を行うこと。

(3)　職場におけるパワーハラスメントに係る事後の迅速かつ適切な対応
事業主は、職場におけるパワーハラスメントに係る相談の申出があった場合において、その事案に係る事実関係の迅速かつ正確な確認及び適正な対処として、次の措置を講じなければならない。

イ　事案に係る事実関係を迅速かつ正確に確認すること。
（事案に係る事実関係を迅速かつ正確に確認していると認められる例）

① 相談窓口の担当者、人事部門又は専門の委員会等が、相談者及び行為者の双方から事実関係を確認すること。その際、相談者の心身の状況や当該言動が行われた際の受け止めなどその認識にも適切に配慮すること。

また、相談者と行為者との間で事実関係に関する主張に不一致があり、事実の確認が十分にできないと認められる場合には、第三者からも事実関係を聴取する等の措置を講ずること。

② 事実関係を迅速かつ正確に確認しようとしたが、確認が困難な場合などにおいて、法第30条の6に基づく調停の申請を行うことその他中立な第三者機関に紛争処理を委ねること。

ロ イにより、職場におけるパワーハラスメントが生じた事実が確認できた場合においては、速やかに被害を受けた労働者（以下「被害者」という。）に対する配慮のための措置を適正に行うこと。

（措置を適正に行っていると認められる例）

① 事案の内容や状況に応じ、被害者と行為者の間の関係改善に向けての援助、被害者と行為者を引き離すための配置転換、行為者の謝罪、被害者の労働条件上の不利益の回復、管理監督者又は事業場内産業保健スタッフ等による被害者のメンタルヘルス不調への相談対応等の措置を講ずること。

② 法第30条の6に基づく調停その他中立な第三者機関の紛争解決案に従った措置を被害者に対して講ずること。

ハ イにより、職場におけるパワーハラスメントが生じた事実が確認できた場合においては、行為者に対する措置を適正に行うこと。

（措置を適正に行っていると認められる例）

① 就業規則その他の職場における服務規律等を定めた文書における職場におけるパワーハラスメントに関する規定等に基づき、行為者に対して必要な懲戒その他の措置を講ずること。あわせて、事案の内容や状況に応じ、被害者と行為者の間の関係改善に向けての援助、被害者と行為者を引き離すための配置転換、行為者の謝罪等の措置を講ずること。

② 法第30条の6に基づく調停その他中立な第三者機関の紛争解決案に従った措置を行為者に対して講ずること。

ニ 改めて職場におけるパワーハラスメントに関する方針を周知・啓発する等の再発防止に向けた措置を講ずること。

なお、職場におけるパワーハラスメントが生じた事実が確認できなかった場合においても、同様の措置を講ずること。

（再発防止に向けた措置を講じていると認められる例）

① 職場におけるパワーハラスメントを行ってはならない旨の方針及び職場におけるパワーハラスメントに係る言動を行った者について厳正に対処する旨の方針を、社内報、パンフレット、社内ホームページ等広報又

は啓発のための資料等に改めて掲載し、配布等すること。
　　② 労働者に対して職場におけるパワーハラスメントに関する意識を啓発
　　　するための研修、講習等を改めて実施すること。
(4) (1)から(3)までの措置と併せて講ずべき措置
　　(1)から(3)までの措置を講ずるに際しては、併せて次の措置を講じなけれ
　ばならない。
　イ　職場におけるパワーハラスメントに係る相談者・行為者等の情報は当該
　　相談者・行為者等のプライバシーに属するものであることから、相談への
　　対応又は当該パワーハラスメントに係る事後の対応に当たっては、相談
　　者・行為者等のプライバシーを保護するために必要な措置を講ずるととも
　　に、その旨を労働者に対して周知すること。なお、相談者・行為者等のプ
　　ライバシーには、性的指向・性自認や病歴、不妊治療等の機微な個人情報
　　も含まれるものであること。
　　（相談者・行為者等のプライバシーを保護するために必要な措置を講じて
　　いると認められる例）
　　① 相談者・行為者等のプライバシーの保護のために必要な事項をあらか
　　　じめマニュアルに定め、相談窓口の担当者が相談を受けた際には、当該
　　　マニュアルに基づき対応するものとすること。
　　② 相談者・行為者等のプライバシーの保護のために、相談窓口の担当者
　　　に必要な研修を行うこと。
　　③ 相談窓口においては相談者・行為者等のプライバシーを保護するため
　　　に必要な措置を講じていることを、社内報、パンフレット、社内ホーム
　　　ページ等広報又は啓発のための資料等に掲載し、配布等すること。
　ロ　法第30条の2第2項、第30条の5第2項及び第30条の6第2項の規定を
　　踏まえ、労働者が職場におけるパワーハラスメントに関し相談をしたこと
　　若しくは事実関係の確認等の事業主の雇用管理上講ずべき措置に協力した
　　こと、都道府県労働局に対して相談、紛争解決の援助の求め若しくは調停
　　の申請を行ったこと又は調停の出頭の求めに応じたこと（以下「パワーハ
　　ラスメントの相談等」という。）を理由として、解雇その他不利益な取扱
　　いをされない旨を定め、労働者に周知・啓発すること。
　　（不利益な取扱いをされない旨を定め、労働者にその周知・啓発すること
　　について措置を講じていると認められる例）
　　① 就業規則その他の職場における服務規律等を定めた文書において、パ
　　　ワーハラスメントの相談等を理由として、労働者が解雇等の不利益な取
　　　扱いをされない旨を規定し、労働者に周知・啓発をすること。
　　② 社内報、パンフレット、社内ホームページ等広報又は啓発のための資
　　　料等に、パワーハラスメントの相談等を理由として、労働者が解雇等の
　　　不利益な取扱いをされない旨を記載し、労働者に配布等すること。

5　事業主が職場における優越的な関係を背景とした言動に起因する問題に関し行うことが望ましい取組の内容

　　事業主は、当該事業主が雇用する労働者又は当該事業主（その者が法人である場合にあっては、その役員）が行う職場におけるパワーハラスメントを防止するため、4の措置に加え、次の取組を行うことが望ましい。

(1)　職場におけるパワーハラスメントは、セクシュアルハラスメント（事業主が職場における性的な言動に起因する問題に関して雇用管理上講ずべき措置等についての指針（平成18年厚生労働省告示第615号）に規定する「職場におけるセクシュアルハラスメント」をいう。以下同じ。）、妊娠、出産等に関するハラスメント（事業主が職場における妊娠、出産等に関する言動に起因する問題に関して雇用管理上講ずべき措置等についての指針（平成28年厚生労働省告示第312号）に規定する「職場における妊娠、出産等に関するハラスメント」をいう。）、育児休業等に関するハラスメント（子の養育又は家族の介護を行い、又は行うこととなる労働者の職業生活と家庭生活との両立が図られるようにするために事業主が講ずべき措置等に関する指針（平成21年厚生労働省告示第509号）に規定する「職場における育児休業等に関するハラスメント」をいう。）その他のハラスメントと複合的に生じることも想定されることから、事業主は、例えば、セクシュアルハラスメント等の相談窓口と一体的に、職場におけるパワーハラスメントの相談窓口を設置し、一元的に相談に応じることのできる体制を整備することが望ましい。

　　（一元的に相談に応じることのできる体制の例）

　①　相談窓口で受け付けることのできる相談として、職場におけるパワーハラスメントのみならず、セクシュアルハラスメント等も明示すること。

　②　職場におけるパワーハラスメントの相談窓口がセクシュアルハラスメント等の相談窓口を兼ねること。

(2)　事業主は、職場におけるパワーハラスメントの原因や背景となる要因を解消するため、次の取組を行うことが望ましい。

　　なお、取組を行うに当たっては、労働者個人のコミュニケーション能力の向上を図ることは、職場におけるパワーハラスメントの行為者・被害者の双方になることを防止する上で重要であることや、業務上必要かつ相当な範囲で行われる適正な業務指示や指導については、職場におけるパワーハラスメントには該当せず、労働者が、こうした適正な業務指示や指導を踏まえて真摯に業務を遂行する意識を持つことも重要であることに留意することが必要である。

　イ　コミュニケーションの活性化や円滑化のために研修等の必要な取組を行うこと。

　　（コミュニケーションの活性化や円滑化のために必要な取組例）

　①　日常的なコミュニケーションを取るよう努めることや定期的に面談や

ミーティングを行うことにより、風通しの良い職場環境や互いに助け合
　　える労働者同士の信頼関係を築き、コミュニケーションの活性化を図る
　　こと。
　　② 　感情をコントロールする手法についての研修、コミュニケーションス
　　キルアップについての研修、マネジメントや指導についての研修等の実
　　施や資料の配布等により、労働者が感情をコントロールする能力やコ
　　ミュニケーションを円滑に進める能力等の向上を図ること。
　ロ 　適正な業務目標の設定等の職場環境の改善のための取組を行うこと。
　　（職場環境の改善のための取組例）
　　① 　適正な業務目標の設定や適正な業務体制の整備、業務の効率化による
　　過剰な長時間労働の是正等を通じて、労働者に過度に肉体的・精神的負
　　荷を強いる職場環境や組織風土を改善すること。
(3)　事業主は、4の措置を講じる際に、必要に応じて、労働者や労働組合等
　の参画を得つつ、アンケート調査や意見交換等を実施するなどにより、その
　運用状況の的確な把握や必要な見直しの検討等に努めることが重要である。
　なお、労働者や労働組合等の参画を得る方法として、例えば、労働安全衛生
　法（昭和47年法律第57号）第18条第1項に規定する衛生委員会の活用なども
　考えられる。
6　事業主が自らの雇用する労働者以外の者に対する言動に関し行うことが望ま
　しい取組の内容
　　3の事業主及び労働者の責務の趣旨に鑑みれば、事業主は、当該事業主が雇
　用する労働者が、他の労働者（他の事業主が雇用する労働者及び求職者を含
　む。）のみならず、個人事業主、インターンシップを行っている者等の労働者
　以外の者に対する言動についても必要な注意を払うよう配慮するとともに、事
　業主（その者が法人である場合にあっては、その役員）自らと労働者も、労働
　者以外の者に対する言動について必要な注意を払うよう努めることが望ましい。
　　こうした責務の趣旨も踏まえ、事業主は、4(1)イの職場におけるパワーハ
　ラスメントを行ってはならない旨の方針の明確化等を行う際に、当該事業主が
　雇用する労働者以外の者（他の事業主が雇用する労働者、就職活動中の学生等
　の求職者及び労働者以外の者）に対する言動についても、同様の方針を併せて
　示すことが望ましい。
　　また、これらの者から職場におけるパワーハラスメントに類すると考えられ
　る相談があった場合には、その内容を踏まえて、4の措置も参考にしつつ、必
　要に応じて適切な対応を行うように努めることが望ましい。
7　事業主が他の事業主の雇用する労働者等からのパワーハラスメントや顧客等
　からの著しい迷惑行為に関し行うことが望ましい取組の内容
　　事業主は、取引先等の他の事業主が雇用する労働者又は他の事業主（その者
　が法人である場合にあっては、その役員）からのパワーハラスメントや顧客等

からの著しい迷惑行為（暴行、脅迫、ひどい暴言、著しく不当な要求等）により、その雇用する労働者が就業環境を害されることのないよう、雇用管理上の配慮として、例えば、(1)及び(2)の取組を行うことが望ましい。また、(3)のような取組を行うことも、その雇用する労働者が被害を受けることを防止する上で有効と考えられる。

(1)　相談に応じ、適切に対応するために必要な体制の整備

　　事業主は、他の事業主が雇用する労働者等からのパワーハラスメントや顧客等からの著しい迷惑行為に関する労働者からの相談に対し、その内容や状況に応じ適切かつ柔軟に対応するために必要な体制の整備として、4(2)イ及びロの例も参考にしつつ、次の取組を行うことが望ましい。

　　また、併せて、労働者が当該相談をしたことを理由として、解雇その他不利益な取扱いを行ってはならない旨を定め、労働者に周知・啓発することが望ましい。

　イ　相談先（上司、職場内の担当者等）をあらかじめ定め、これを労働者に
　　　周知すること。
　ロ　イの相談を受けた者が、相談に対し、その内容や状況に応じ適切に対応
　　　できるようにすること。

(2)　被害者への配慮のための取組

　　事業主は、相談者から事実関係を確認し、他の事業主が雇用する労働者等からのパワーハラスメントや顧客等からの著しい迷惑行為が認められた場合には、速やかに被害者に対する配慮のための取組を行うことが望ましい。

　（被害者への配慮のための取組例）

　　事案の内容や状況に応じ、被害者のメンタルヘルス不調への相談対応、著しい迷惑行為を行った者に対する対応が必要な場合に一人で対応させない等の取組を行うこと。

(3)　他の事業主が雇用する労働者等からのパワーハラスメントや顧客等からの著しい迷惑行為による被害を防止するための取組

　　(1)及び(2)の取組のほか、他の事業主が雇用する労働者等からのパワーハラスメントや顧客等からの著しい迷惑行為からその雇用する労働者が被害を受けることを防止する上では、事業主が、こうした行為への対応に関するマニュアルの作成や研修の実施等の取組を行うことも有効と考えられる。

　　また、業種・業態等によりその被害の実態や必要な対応も異なると考えられることから、業種・業態等における被害の実態や業務の特性等を踏まえて、それぞれの状況に応じた必要な取組を進めることも、被害の防止に当たっては効果的と考えられる。

橘　大樹（たちばな・ひろき）──────────── 第1章
慶應義塾大学法学部法律学科卒業、一橋大学法科大学院修了。2008年弁護士登録（第一東京弁護士会）。現在、石嵜・山中総合法律事務所パートナー。労働法（企業側）を専門分野として訴訟・労働審判・団体交渉、顧問先からの法律相談等を行なう。著書『改正労働基準法の基本と実務』（共著）ほか。

吉田　寿（よしだ・ひさし）──────────── 第2章
早稲田大学大学院経済学研究科修士課程修了。富士通人事部門、三菱UFJリサーチ&コンサルティング(株)プリンシパルを経てビジネスコーチ(株)チーフHRビジネスオフィサー。人を基軸とした企業変革の視点から、人材マネジメント・システムの再構築や人事制度の抜本的改革などの組織人事戦略コンサルティングを展開。著書『世界で闘うためのグローバル人材マネジメント入門』『人事制度改革の戦略と実際』ほか。

野原蓉子（のはら・ようこ）──────────── 第3章
埼玉大学教育学部卒業。教職を経て(株)日本産業カウンセリングセンターを設立。同センター代表取締役理事長。企業での予防的カウンセリング、メンタルヘルスの相談、管理者の相談にあたるほか、官公庁・大学等での講演、研修に従事。労働省（現厚生労働省）セクシュアル・ハラスメント調査研究会委員等の役職を歴任。臨床心理士、日本産業精神保健学会代議員。著書『パワハラ・セクハラ・マタハラ相談はこうして話を聴く』ほか。

パワハラ防止ガイドブック
－判断基準、人事管理、相談対応がわかる

著者◆
橘 大樹、吉田 寿、野原蓉子

発行◆2020年6月1日　第1刷

発行者◆
讃井暢子

発行所◆
経団連出版
〒100-8187 東京都千代田区大手町1-3-2
経団連事業サービス
電話◆［編集］03-6741-0045　［販売］03-6741-0043

印刷所◆富士リブロ